1933년 봄

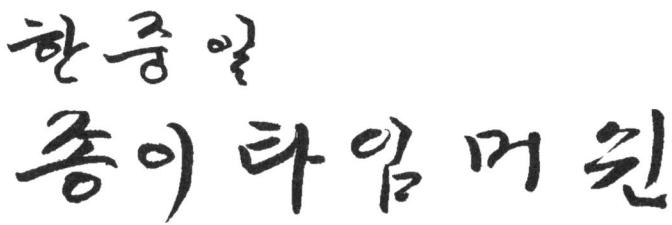
한중일
종이타임머신

A Papermaking Pilgrimage to Japan, Korea and China

Special thanks:
DARD Ⅲ & SANG HUN LEE, PhD

1933년 봄
한중일 종이 타임머신

2025년 4월 28일 초판 인쇄 발행

지은이   다드 헌터 (DARD HUNTER)
옮긴이   윤재환 (문학박사, JAE WHAN YOON, PhD)
펴낸이   권미순 (KWON MI SOON)

펴낸곳   도서출판 무송
등 록   제1995-000008호
주 소   서울시 중구 마른내로 84-1, 204호
전 화   02-2274-0390
이메일   musong22@daum.net

편집·디자인   윤재환, 허갑균

ISBN 979-11-85070-62-9 (03380)

* 자료협조: (재)종이문화재단(www.paperculture.or.kr)
* 값은 책 표지에 표시되어 있습니다.
* 이 책 내용(사진 등)의 전부 또는 일부를 재사용하려면 반드시 저작권자(역자)와 도서출판 무송 양측의 서면 동의를 받아야 합니다.

A PAPERMAKING PILGRIMAGE

to

Japan, Korea and China

DARD HUNTER

PYNSON PRINTERS · NEW YORK · 1936

채륜 · 담징 · 모치주키(蔡倫 · 曇徵 · 望月)
일본 예술가가 서기 1572년 히시지마 마을에서(카히 지방) 종이 만들기를 설립한 세이베이 모치주키를 기념하기 위해서 그린 족자이다. 이 그림이 흥미를 끄는 것은, 모치주키의 초상과 종이를 발명한 중국의 채륜의 상상 초상, 서기 610년에 일본에 종이를 전해 준 중인 담징을 함께 묘사했다는 것이다. 채륜은 중국 전통의상을 입고 가운데 서 있고, 담징은 왼쪽에 승복을 입고 있는 반면, 모치주키는 둘둘 말린 대나무 발을 들고 전통의상을 입고 있다. 이 그림은 일본 화가가 이 귀중한 분들의 진영에 관한 정보 없이 개념적으로만 그린 것이다.

1933년 봄

한중일 종이 타임머신

A Papermaking Pilgrimage to Japan, Korea and China

다드 헌터 지음 | 윤재환 문학박사 옮김

圖書出版 武松

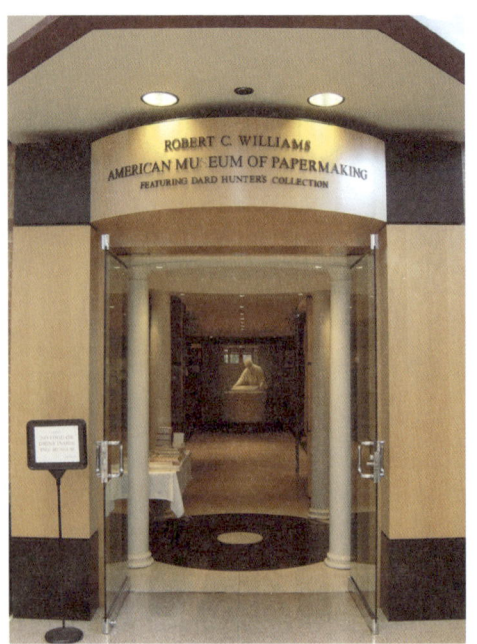

다드 헌터 박물관 입구

미국 아틀란타주 조지아 공대에 있는
다드 헌터 박물관(2003년 현재)

차례

추천사 8
들어가며 10
제1장 종이 만드는 재료 21
   종이 만드는 원재료 23
   종이의 싸이징 재료 34
   종이의 물감 재료 41
제2장 동양의 종이 만드는 틀(mould) 43
제3장 순례 : 한·중·일로의 종이 시간 여행 69
   일본 70
   한국 126
   중국 145
제4장 일본 종이 : 명칭, 원산지, 역사 및 용도 ... 153
제5장 참고문헌 일람표 191
제6장 한·중·일의 종이표본 201
역자 후기 221
한지 보존, 천년의 비밀은 무엇일까? 229

추천사

어릴 때 어려운 한자말은 선뜻 이해하지 못했다. 그 가운데 '견문록(見聞錄)'은 아마도 마르코 폴로가 지은 『동방견문록』에서 보았는데, 당시에 낯설었던 기억이 있다. 나중에 '견문록'보다는 '여행기'라고 했으면 금방 이해했을 것이라고 생각하였다. 그러나 견문록이 여행기보다는 지은이의 식견이 조금 깊게 담겨있을 것 같은 착각이 드는 것은 사실이다.

견문록이던 여행기이던 어떤 지역을 방문하여 남긴 기록이 시간이 갈수록 가치가 높아질 수 있다. 특히 그 시기의 관련된 기록이 적고 기록자의 전문성이 뛰어난 경우가 그러하다. 다드 헌터는 손으로 만드는 종이와 관련한 현지 기록이 많지 않은 1930년대에 한국, 일본, 중국의 종이 제작의 현장을 생생히 기록하였다. 더욱이 사진과 아울러 당시의 종이를 부록으로 붙여 낸 책의 자료적 가치는 매우 크다고 할 수 있다.

다드 헌터는 이 분야의 전문가였다. 더욱이 그는 동양의 제지술을 중심으로 한국, 일본, 중국을 문명사적인 안목을 갖고 기록으로 남겼다. 이 작업은 시간적으로나 경제적으로 어려운 작업이었으나, 그는 손으로 만드는 종이에 대한 깊은 애정을 숨김없이 보여주고 있다.

당시 일제는 '한지'를 조선의 산업 또는 농촌의 부업으로 육

성하기 위해 그들의 방식으로 우리의 제지술을 고치려고 하였다. 다드 헌터가 본 것은 일본의 제지술과 우리의 제지술이 혼합되어 있었다. 그럼에도 불구하고 다드 헌터는 우리 고유의 한지 제작술을 높이 평가하는 예리한 안목을 갖고 있었다. 다만 우리나라의 현장 조사가 몇 군데 이루어지지 않다는 안타까움은 있다. 지금도 여러 곳에서 현장을 조사하고 기록하고 있다. 시간과 비용이 많이 드는 이 작업이 당장은 불필요하게 보일 줄 모르지만 충실한 기록은 시간이 갈수록 가치가 있다는 점은 다드 헌터의 책에서 증명되고 있다.

  번역자는 20년 전에 다드 헌터에 주목하고 이 책의 저작권을 손자에게 얻어 번역에 착수하였다. 당시에 바로 책으로 나왔다면 아마도 우리 한지를 이해하는데 많은 도움이 되었을 텐데 이점이 아쉬움으로 남는다. 한지는 2026년에 유네스코 인류무형문화유산 등재를 목표로 2023년에 등재 후보로 결정되었다. 이미 일본과 중국의 제지술은 유네스코 인류무형문화유산에 등재되어 있어 늦은 감은 있지만 한지 발전을 위해서는 다행스럽게 생각한다. 2026년에 인류무형문화유산에 등재할 때 동양 삼국의 제지 기술을 비교하는 이 책은 많은 도움이 될 것으로 믿는다. 한국, 일본, 중국에서 손으로 만드는 종이가 더욱 발전하기를 소망한다.

전 국립고궁박물관장 김인규

들어가며

　낮게 지어진 집들과 마을 사이로 보행자와 인력거들이 쉼없이 지나가는, 일본의 좁고 울퉁불퉁하며 가끔은 위험한 길을 통해서 외딴 지역까지 여행을 하는, 서양의 나그네는 두드러진 두개의 특징을 관찰하게 된다. 집이나 상점들에 굴뚝이 없다는 것, 그리고 일상적으로 대량의 수제종이를 사용하고 있다는 것이다.

　일본집들의 방은, 히바치(화로)라 불리는 크고 무거운 토기로 난방을 하고 있는데, 어느 히바치에나 모래나 석면의 단열재 틀 안에서, 장식이 있는 청동제부젓가락으로 빈틈없이 진열한 숯이 붉게 타고 있다. 큰 굴뚝이 있는 난로에 장작을 때서 집 안을 덥히는데 익숙한 서양인인 방문객에게, 일본식의 난방은 허술한 것으로 보였지만, 일본인은 복잡한 난방장치와 굴뚝을 없애 건축에서 가장 비싼 비용을 줄인 것이다. 일본인들이 작은 숯불에 모여, 그 위에서 언제나 손을 비비면서, 춥고 습한 겨울을 온전히 날수 있다는 것이 의심스럽다. 그리고 그들의 집안에는 약간 견고한 구조도 있다. 일본집의 거주공간은 대부분 상당히 넓은 방의 한쪽, 또는 양쪽에 가벼운 나무로 만든 작은 직사각형의 격자 문에 종이를 발라, 그것을 통해 빛이 들어오는데, 안과 밖에서는 서로 보이지 않게 되어 있다. 일본의 북부지방의 집이나 여관에서도 숯불에 의해 얻어지는 실내의 미미한 온기를, 눈보라나 산맥에서 불어오는 바람으로부터 이 얇은 종이창만으로 지킨다.

멋진 종이로 된 창이 있는 일본집은 물질적으로 우리에게 안락을 주지는 않지만, 우리 서양인들은 이 억세게 건강한 사람들이 우리 서양인들이 모르는 방법으로, 종이를 사용하고 있는 것에서 배울 수 있는 것은 많다.

동양의 특히 일본의 장인들은 제지술을 발전시켰고, 거의 모든 응용 가능한 사용처를 찾아냈다. 이것은 아마 일본인이 제지공예에 특출한 기술을 가지고 있다기보다는, 훌륭한 종이를 만들 수 있는 나무, 줄기, 수피가 이 나라에서 생육하기 때문이라고 할 수 있다. 이는 그 훌륭한 수피섬유에 의지하고 있는 일본인이 제지에 숙련되어 있지 않다는 의미는 아니다. 그들이 수공업에 있어서는 세계에서 가장 숙련된 장인이라는 것은 의심할 여지가 없다. 일본인은 원래 손재주가 좋고, 게다가 닥, 삼지닥, 안피 등의 원재료를 사용하고 있기 때문에, 현재 일본의 수제종이는 전세계 제지공업 기술 중에서 경탄할 만한 기술이라고 해도 과언이 아니다.

동양은 물론 유럽과 미국에서는 고속운전을 하는 기계로 분당 수백피트의 종이를 만들고 있는데, 그 종이들은 약하고 찢어지기 쉽다. 서양에서는 유리, 금속, 피혁이나 천 등을 이용하여 창, 등, 장지, 우산, 비옷, 가방, 방수외투 등의 각종

필수품을 만들고 있는데, 일본인들은 이곳들에 얇고 튼튼한 종이를 사용하고 있다. 서양의 기계로 만든 종이는 그런 용도로 쓸 수 없다. 서양 사람들은 보통 일본은 온화한 기후이기 때문에 더 섬세하고 약한 것이 살아남을 것이라고 생각하고 있는데, 그렇지 않다. 일본에서는 여름도 겨울도 상당히 기후가 혹독해, 가혹한 추위나 무더운 여름에 익숙해 있는 미국인들에게도 일본의 겨울은 춥고 여름은 습하고 덥다.

일본인이 몇 번이고 반복해서 사용할 수 있는 내구성 좋은 종이를 만들 수 있는 것은, 독특하고 뛰어난 제지원료를 사용할 뿐 아니라, 성실하고 독특한 제지기술을 습득하고 있기 때문이다. 종이로 만든 우산을 몇 해 동안 계속 사용하고 있는 것은 보통인데, 일본에 오는 여행자는 비가 많은 국가라는 것을 잘 알고 있다. 산이 많은 이 작은 섬나라에 체재한 관찰력이 뛰어난 나그네는, 봄철에 가끔 며칠씩이나 쉬지 않고 내리는 비를 종이우산으로 견뎌야하는 어려움을 잘 알고 있다. 그리고 젖고 축축할 때에도, 사람들은 굽 높은 게다를 신고, 멋진 색깔의 종이우산을 들고, 비에 젖은 논길을 걸어 다니는 것을 언제나 볼 수 있다.

일본의 시골길에서, 사람이나 소나 말이 끄는 수레에 그 지역에서 나는 여러 가지 토산품을 싣고, 방수 가공한 종이를 덮은 것들을 보는 것도 흥미롭다. 모든 수레는 물이 새지 않고 천보다 강한, 날씨가 개일 때는 접어서 수레안에 넣어둘 수 있는, 기름을 먹인 종이 덮개를 가지고 다닌다. 이 약하다고 생각되어지는 종이 덮개는 몇 년이고 사용할 수 있지만, 연속해서 사용하면 결국 파손되고 마는데, 이것은 종이가 아닌 다른 어떤 튼튼한 재료로 만든다 해도 마찬가지일 것이다.

도시나 촌락의 인력거꾼들은 장마 때, 기름 먹인 종이 망토(우비)가 몇 센트면 여러 장을 살 수 있을 뿐만 아니라 효과적으로 몸이 젖지 않게 해 주기 때문에 입는데, 작고 다부진 체구의 인력거꾼 중에 그럴만한 경제적 여유가 있는 사람은 거의 없다. 들에서 일하는 사람이나 도로에서 작업하는 사람, 철길 건널목을 지키는 사람도, 몸이 젖지 않도록 종이로 만든 비옷을 입는다. 일본의 기름종이는 작은 가게에서도 살 수 있고, 또 시골의 작은 농가도 다양한 크기의 종이를 조금씩 가지고 있고, 다양한 용도로 가정에서도 많이 사용하고 있다. 차를 재배하는 곳에서는 찻잎을 보관하는 데에 견고한 기름종이 봉투를 사용하고 있고, 그 큰 봉투는 가끔 종이조각으로 수리 해서, 보통 6년이나 사용하고 있는 것을 흔히 볼 수 있다. 기름을 바르거나, 벌레가 잘 먹지 않는 땡감을 발효시켜 만든 감물을 발라, 내구성을 강화시킨 종이는 흔히 곡물저장용 봉투로 사용된다.

서양의 나그네는 일본인들의 끝없는 종이의 새로운 활용법에 끝없이 놀란다. 보기에 약한 소재인 종이를 노련하게 잘 활용하고 있는 일본인들의 응용력은, 중국인이나 조선인의 기법보다 훨씬 뛰어나다. 이것이 요즘 중국인이나 조선인이 종이를 다양한 용도로 현명하게 잘 이용하고 있지 않다는 것은 아니다.

  조선의 가옥에서는 종이가 독특한 역할을 하고 있는데, 일본의 가정에서는 정형화된 형태의 다다미를 바닥에 깔고 있는데 반해, 조선에서는 모두 기름먹인 두꺼운 장판지를 사용하고 있다. 그들의 난방법을 고려하면 완전히 실용적인 재료들이다. 조선에서는 방의 난방에 일본처럼 운치 있는 히바치(화로)를 사용하지 않고, 방바닥 밑에 군불을 때서 난방을 하고 있다. 그 연기는 방바닥 밑의 구들을 지나, 결국에는 집에서 상당히 멀리 떨어진 굴뚝을 통하여 배출된다. 그러나 하층 가정에서는 돌로 쌓은 굴뚝 만드는 비용을 줄여, 집의 방바닥 밑에서 직접 연기가 밖으로 배출된다. 실제로 쾌적한 면에 있어서는 일본보다 조선이 낫다. 두 나라 사람들은 좌식 생활을 하고 있으며, 일본에서는 두꺼운 볏짚으로 만든 다다미로 바닥을 덮고 있는데도, 방에서 특별히 슬리퍼를 신지 않으면 추워서 살기 어려운데, 조선은 방바닥이 상당히 따뜻하다.

  조선에서는 일본과 같이 창에 종이를 사용하는데, 중국의 일부지역도 마찬가지다. 중국인은 천을 배접하는데도 종이를 사용한다. 동양에서는 어디에서나 모든 의식과 축제에서 종이가 두드러진 역할을 하고 있고, 수십 개의 제지공장에서는 이 목적을 위한 다양 하고 특수한 종이들을 만들고 있다. 중국에서는 이런 다양한 종류의 종이가 종이돈(지전), 종이 테잎, 향 포장지, 폭죽 등으로 다량으로 만들어지고, 또 다른 의식의 수요에도 부응하고 있다. 동양의 종이는 실용과 종교적인 목적 이외에 붓글씨용으로도 많이 사용되고 있는데, 이 종이는 서양에서 바람직하다고 생각되는 종이의 개념과는 반대로 부드럽고 오히려 흡수성이 있는 종이이다. 서양에서는 두껍게 사이징을 한 흡수성이 없는 종이가 필요하다. 뾰족한 금속 펜과 물을 들인 빨리 흐르는 화학 잉크를 사용하므로, 단단하고 번지지 않는 종이가 필요해서 서양에서는 이런 형식의 종이가 개발 되었다. 그러나 동양에서는 전술한대로 수세기에 걸쳐 붓을 사용했고, 필사에 사용하는 액체로는 먹물(미세한 탄소입자를 물에 현탁하게 풀어놓은 것)을 사용하므로, 이 경우에는 부드럽고 흡수성이 좋은 종이를 사용해야 최고의 효과를 얻을 수 있다. 동양이나 서양에서 만든 종이는 각각 자신들의 사용 목적에는 적합하지만, 한쪽의 방식으로 만든 것을 다른 쪽의 종이용도로 유용하게 사용한다는 것은 불가능한 일이다.

 종이는 원래 필기용으로 만들어졌다. 종이가 출현하고 나서 수세기가 지나도록 어떤 종류의 인쇄술도 발명되지 않았기 때문에, 인쇄는 종이의 발명과는 전혀 관계가 없다고 할 수 있다.

 동양과 서양에서의 인쇄 기술은 전적으로 수제종이의 영향을 받았다. 종이는 원래 필기용으로 만들어진 것이다. 오늘날 인쇄에는 명백하게 두 가지 별개의 부류가 있는데, 이 차이는 모두, 동서양이 사용하는 종이의 차이에서 오는 결과로, 이는 글씨 쓰는 도구가 동양은 붓이고, 서양은 펜을 사용한다는 것에서 명확히 기인한다.

동양의 인쇄방식은, 동양의 글씨 쓰는 법과 같이, 아시아에만 풍부 하게 자라고 있는 장섬유의 수피로 만들어지는, 부드럽고 흡수성이 있는 종이가 필요하다. 중국이나 일본의 목판화는 유럽의 단단하게 사이징하고, 넝마가 원료인 종이를 사용해서는 동양풍으로 인쇄할 수가 없다. 부드럽고 섬세한 동양 목판화의 색조는 닥이나 삼지닥으로 만든 종이를 사용해야만 잘 표현될 수 있으며, 미국이나 유럽의 목판화가 들도 인쇄효과나 미적인 질은 일본의 우아한 종이가 유럽의 수제종이 보다 훨씬 뛰어나다는 것을 이미 알고 있다.

일본, 조선, 중국의 종이는 전술한 바와 같이, 무수한 용도가 있는 순수한 수제지로서, 그 지역 고유의 수피, 대나무 또는 볏짚, 또 그들의 혼합원료로 만들어지고 있다. 그러나 요즘 몇 개의 제지공장 에서, 천연의 수피섬유에 목재펄프를 첨가하고 있는 것을 본 것은 불쾌한 경험이었다. 그러면, 어쩔 수 없이 종이의 질은 저하될 것이다.

유럽과 미국에서는 수제종이를 고급 호화본의 인쇄, 동판화나 정성들인 편지지를 위해서만 사용하는 사치품으로 보고 있다. 실제로 서양의 대부분의 사람들은 전 생애를 통해 오래된 전통적인 방법으로 만든 수제종이를 보는 일 없이 살고 있다. 그러나 문화수준이 보다 높은 동양에서는 그렇지 않다. 부자부터 가난한 사람까지, 누구나 수제종이로 만든 편리한 물건을 흔히 가지고 있고, 그것을 만드는 장인들은 평범한 사람들이 대수롭지 않게 일상의 목적을 위해 사용하는 것으로, 장인의 기술이 연마된다고 생각하고 있다.

  서양과 달리 동양의 수제종이 기술자들의 일은, 아름다운 인쇄본이나 비싼 판화의 흥취를 즐기는 사람들의 서재나 화실을 위해서만 한정되는 것이라고 생각하지 않는다. 그들의 기술은 배타적이지 않고 포괄적이다. 이는 수제종이가 늘 평범한 용도에 사용되며, 헤아릴 수 없을 정도로 오랜 세대에 걸쳐 종이 뜨는 집안으로서, 대대로 전해져 온 전통과 수련, 선대 문명의 결과라는 생각이다.

  일본의 수제종이산업 통계 조사에 의하면, 1,200~1,500 개의 기업이, 각각 1개에서 40개의 지통을 가지고 조업하고 있다. 중국에서는 이 조사가 거의 불가능하지만, 여러 종류의 수제종이를 만드는 공장이 문자 그대로 수천 개가 있다. 이처럼 동양에서는 수제종이 산업이 죽어가는 것과는 거리가 멀고, 특히 일본에서는 종이의 새로운 용도가 끊임없이 개발되어 발전하고 있다. 동양에서는 노동비용이 아주 낮고, 천연제 지원료가 풍부하므로 상업용으로 수제종이를 계속 만드는 것이 가능하다. 이 두 가지의 중요한 조건이, 동양의 특히 일본에서 만들어지는 수제종이가, 기계제지로는 절대로 복제할 수 없는 질의 종이를 만들게 한다.

　1932년 일본의 수제종이 생산액은 1,400만 엔이지만, 기계제지는 4,300만 엔이었다. 서양 여러 나라의 조건들과 비교해 볼 때, 오래된 수작업 방식이 더 유리하다. 일본의 3대 수제종이 산지 기후(岐阜), 후쿠이(福井), 코치(高知) 에는 거의 6,000여 가족이 수제종이로 생계를 유지하고 있다. 이것은 일본인이 제지기계를 늦게 채택하는 것이 아니라, 어떤 종류의 종이는 끈기 있고 숙련된 제지공의 손으로, 발(수)을 사용하는 방법으로 밖에 만들 수 없다는 것을, 그들이 잘 알고 있기 때문이다.

　미국에는 수제종이를 만드는 공장도 없고, 다시는 이런 종류의 종이를 상업적으로 만들 것 같지 않다. 영국과 유럽대륙의 수제종이 공장도 36개소를 넘지않고, 현재 감소하고 있다. 유럽의 통계로는 기계제지에 비교해서 수제종이는 비교도 안 될 정도로 그 양이 미미하다. 여기에는 두 가지 이유가 있다. 노임이 비싸서 수제종이는 상용화 하기가 힘들며, 또 유럽에서 사용되는 수제종이와 같은 타입의 종이에 요구되는 질이나 특성을 기계종이로도 거의 복제할 수 있게 되었기 때문이다.

　현재 상황으로 볼 때, 유럽의 상업 생산용 수제종이는 향후 30년이면 없어질 것 이라고 해도 무모한 예언이라고 할 수 없을 것이다. 그러나 일본에서는 상당히 공장이 줄어들기는 하겠지만, 여전히 많은 공장에서 수제종이가 만들어질 것이다. 이것은 재료와 노동, 방법, 종이의 궁극적인 적응성이나 용도를 고려해 보면 타당성이 있고 논리적인 결론이다.

닥나무 잎

20 1933년 봄 한중일 종이타임머신

제1장

종이 만드는 재료

닥나무. PAPER MULBERRY : (Broussonetia papyrifera)
이 나무 수피는 동양에서 가장 중요한 수피를
생산한다.(목판1)

삼지 닥. MITSUMATA : (Edgeworthia papyrifera)
동양에서 가장 좋은 종이가 이 아름다운 나무의
수피로 만들어 진다.(목판2)

안피. G AMPI : (Wikstroemia canescens)
이 나무 수피로 만든 종이는 그 자체의
특성을 가지고 있어 다른 것들과 확실히
구분된다. 렌커스가 이 책을 위해 특별히
재단했다.(목판3)

종이 만드는 원재료

나는 일본 수제종이를 좋아하지만, 이 책을 편찬함에 있어 일본 종이에 관해 중립적이고 싶다. 나의 의견이지만 현재 동양에서 가장 좋은 종이를 만드는 곳은 섬나라 일본제국이다.

중국에게는 제지술의 발명이라는 영광이 가야 한다. 그리고 중국도 과거에는 좋은 종이를 만들었다. 그러나 현재 수제종이 측면에서 볼 때는 그렇지 않다. 내가 할 수 있다면, 일본인들이 구체화한 경탄할 만 한 질을 가진, 그리고 내가 수년 동안 사용하면서 느낀, 최고의 종이에 감사하기 위해서, 나는 일본에 더 많은 열정과 지면을 할애하고 싶다.

이른 세기부터 일본인들은 조선과 교류해 왔다. 서기 610년 일본인 들은 그들의 최초 종이 지식을 얻었다. 담징(曇徵, 579~631 A.D.) 이라는 승려가 닥나무로 만든 종이 책을 가지고 왔을 때였다. 일본에서 실제적으로 최초로 종이를 만든 것은 수이코 천왕 시대이다. 승려 그룹이 쇼오토쿠 태자(聖德太子, 572~623 A.D.)의 관심을 끌 때이다. 쇼오토쿠 태자(聖德太子)는 [사진4] 제지 기술에 깊숙이 관여하게 되었다. 그는 그의 시간과 상당한 재력을 투입했을 뿐만 아니라, 이 새롭고 파악하기 어려운 종이 만들기를, 다른 사람들에게 알리기 위한 격려도 했다.

사진 4. 쇼토쿠 태자 (聖德太子)
일본 종이 만들기의 후원자. 일본에는 수많은 쇼토쿠 태자(572-623 A.D.)의 동상이 많은데, 이 특별한 초상은 고대 도시인 나라 근처 호류지(法隆寺)에 있는 것이다.

왕조는 제지 재료를 찾기 위해, 자생 식물과 관목들을 가지고 수많은 실험을 실시했다. 비난 카주라, 나시 카주라, 호가리, 타모 노 기, 아카 네 등 1) 일본의 최초 종이는 담징(曇徵)이 조선에서 들여온 것처럼 닥나무로 만든 것이 아니라, (일본에서 자라는) 열등한 나무껍질로 만든 것이었다. 쇼오토쿠 태자(聖德太子)는 한국과 중국의 종이를 모방하기 위하여 에치젠(越前), 이세(伊勢), 사추마(薩摩), 이드주모(出雲), 토사(土佐), 오수미(近江) 등에 닥나무를 경작하고, 사람들에게 종이 만드는 기술을 가르치도록 명령했다. 이 명령은 결과적으로 닥나무 재배지의 확대와 실제적인 종이 만들기 기술이 퍼져 나가고 발전하는데 공헌하였다.

시코우코 섬의 최남단, 코지에 위치해 있는 토사는 일찍부터 큰 제지산지였고, 최근까지 일본 제지산업의 중요한 곳으로 남아 있는데, 사실은 코지가 일본 전체 종이 생산량의 6분의 1을 차지한다. 지금은 거대한 제지 산지인 후쿠이현(福井縣)에 있는 에치젠(越前)은, 7세기 쇼오토쿠 태자가 제지 기술을 지원했던 그 지역이다. 일본 조선 중국에서 가장 중요한 종이 만드는 재료는, 모두 동양이 원산지인 대나무, 볏짚, 닥나무, 삼지닥나무, 안피 관목 껍질로부터 얻는다. 당연히 동양에서 가장 좋은 종이를 생각하면, 닥나무와 삼지닥나무 섬유가 가장 중요하다.

---

1) 이 식물들은 라틴어 명칭으로 알려졌다. 이들중 몇몇은 일본에서만 발견되기도 하지만 여타는 중국과 일본에서 발견된다.

서양의 저술가들로부터 대나무나 볏짚보다 더 적은 관심을 받기 때문에, 나는 종이 만드는데 가장 중요한 실체인, 이 두 가지 재료에 대하여 상세히 설명하고 싶다.

닥나무, Broussonetia papyrifera, Moraceae [목판1] (프랑스 박물학자 Pierre Marie Auguste Broussonnet, 1761~1807의 이름을 따서 명명함) 25피트의 크기에서 얻는데, 가지는 땅과 가까운 곳에서 갈라진다.(일본사람들에게는 닥나무가 다음과 같은 여러 이름으로 알려져 있다. 코즈, 코우즈, 코지, 카우조, 카치 노 기, 카지 노 기). 잎은 낙엽성이고 형태는 다양하다. 어린 나무는 3~5쪽으로 갈라지는데, 늙은 나무는 대부분 완전한 타원형이다. 일본에는 3종류의 닥나무가 있다. 아사바(아사잎 닥나무), 카나메 (중요한 종이나무), 마카지(진짜 종이나무). 아사바는 잎이 노란가 녹색인가 붉은가에 따라 3가지로 나누어진다. 이 종들은 일본 남쪽과 코지의 따뜻한 곳에서 발견된다. 카나메는 껍질이 검은색을 띄는 것과 보라색 톤을 띄는 것 두 가지로 나누어 진다. 이 종은 깊은 계곡이나 태양 빛이 많이 들어오지 않는 은밀한 곳에서 자란다. 마카지는 극한지방과 상당히 높은 지대에 분포해서 자란다.

일본 닥나무는 암 수가 구분된 나무에서 암수 꽃이 따로 핀다. 암꽃은 공기돌만하게 모여 있는데, 서너 개의 이가 있는 관모양의 꽃받침으로, 각각은 씨방 주변에 끝이 뾰족한 모양인 반면, 숫꽃은 원통형의 늘어진 미상 꽃차례로, 네 갈레의 꽃받침과 수술을 가지고 작은 포엽으로부터 자란다. 그 나무가 달콤한 향의 오디열매 비슷한 검붉은 과실을 맺으려면 최소 3년은 자라야 한다.

 통계를 보면, 일본에서의 닥나무 재배가 줄고 있는 것이 명백하다. 1919년 700만 칸 조금 넘게 생산 되었고, 1923년에는 500만 칸 미만이, 종이 만드는데 사용되었다.(1칸은 8.23 파운드와 같다) 현재 일본에서 닥나무 키우는 지역은 시마네현, 야마구시현, 도토리현, 오카야마현 그리고 코치, 에히메, 시코우코 섬에 있는 도쿠시마이다.

 봄에 시코우코 섬의 남쪽에 있는 코지로부터, 북쪽 해안에 있는 가와노에로 가는 여행객은, 많은 닥나무가 길가에 자라는 것을 볼 수 있을 뿐만 아니라, 산기슭에 연노랑 색의 삼지닥나무 꽃이 황금빛으로 물결치는 장관을 볼 수 있다.

 일본의 지장들은 종이를 만들 때, 닥나무 수피에서 상하거나 색이 바랜 것들은 모두 골라낸다. 상한 것은 주로 바람에 꺾인 큰 나무들에서 발견된다. 또한 산간 유곡에서 야생 토끼나 사슴, 염소들이 먹어서 상처 난 수피에서 자주 발견 된다. 부러지거나 오염된 수피는, 최고의 흰 종이를 만드는데 적합하지 않다.

 비록 특정 종류의 종이를 만들기 위해, 특정한 종의 닥을 쓰기는 하지만, 특정 종의 닥이, 다른 종의 닥보다 명백히 우월

하다고 말할 수는 없다. 그러나 다른 종류의 수피를 서로 섞는 것은 피한다.

닥나무를 가지고 좋은 종이를 만드는 비밀은 특정한 종, 한 종류만의 수피를 가지고 만드는 것인 것 같다. 단독적으로 만들면 반드시 특정한 특성들을 가지고 있는 종(species)들도, 다른 종(species)들을 섞어서 쓰면, 종이 질이 저하된다. 최상급을 만들기 위한 닥나무는 1년을 넘어서는 안 되고, 더욱이 희고 질감 좋은 종이를 원한다면, 같은 종(species)이라도 자란 년도가 다른 것을 섞어 쓰면 안 된다.

예를 들면, 같은 종(species)의, 1년 3년 5년 된 닥나무에서 채취한 닥들을, 서로 섞어서 만든 종이는, 같은 기간을 자란 나무에서 얻은 닥으로, 만든 종이 보다 질이 떨어진다는 것이다. 삼지닥나무[2](학명:Edgreworthia papyrifera, et Zucc.) [목판2]는 최상의 종이재료를 생산해 내는 종중에 하나.

유럽과 미국에서 좋은 인쇄를 위해 지켜오고 알려진 당연히 유명한 '교쿠지'를 포함해서, 세계적으로 알려진 몇 몇 종류의 종이는 이 닥나무로 만들어 진다.

삼지닥나무는 잎의 크고 작음에 따라 두 종류로 나누어진다. 큰 잎 삼지닥나무는 시코쿠섬에 풍부하게 자라지만, 이 남쪽이 자라는 지역의 한계는 아니다. 이 나무는 다량의 노란

---

2) 삼지닥나무 : 미쯔마타는 '셋'이라는 뜻과 '가지' 또는 '뻗치다'라는 뜻의 두 가지 말에서 나왔다. 이 나무는 매 줄기 마디마다 끝까지 세 개씩의 가지가 뻗어 나와서 붙여진 이름이다. 삼지닥나무는 일본의 나무 종류에서 한 종류만 있다고 한다.

꽃이 피고, 잘 벗겨지며 상대적으로 우수한 수피 섬유를 가지고 있다. 작은 잎 삼지닥나무는 노란 꽃은 피지만, 첫 세 가지가 나오는 땅으로 부터의 길이가 큰잎 삼지닥나무에 비해 짧다.

  큰잎 삼지닥나무는 양질의 종이섬유를 생산한다. 삼지닥나무가 북쪽 지방에서 자라지 않는 것은 아니다. 따뜻한 곳에서 자란 닥나무는 1년이면 쓸 수 있다. 그러나 추운 기후에서 자란 닥은 쓰기에 충분하려면, 최소 3년은 자라야 한다. 삼지닥나무는 강수량이 많고 습기가 풍부한 곳에서 자라야, 상대적으로 크고 수피도 얇은데, 건조한 지역에서 자란 것은, 성장도 느리고 수피도 무거워지기 쉽다. 수피 수확은 겨울에 하는데, 땅에서 자란 가지를 낫으로 잘라 작은 단으로 묶어, 거쳐에 보관해 놓는다.

  비록 새 가지는 매년 겨울마다 잘리지만, 늙은 뿌리는 8~12년 동안 새 가지를 매년 생산하고, 그 이후 생산성 있는 새로운 뿌리로 대체되기 위해서 버려진다. 유효생산이 끝난 늙은 뿌리는 뽑히고, 씨로 싹틔운 새로운 어린나무가 그 자리를 대신한다. 늙은 그루터기에서 2년은 지나야 사용할 수 있는 가지를 얻을 수 있고, 대부분의 나무들은 3~4년이 지나야 다시 가지 수확을 한다.

  가장 좋은 종이를 만드는 닥은, 땅으로부터 세 갈래로 갈라진 삼지닥나무의 높이가 10피트가 넘는 것에서 얻는다. 가장

사진 5. 대나무. 학자 수 퉁-포에 의하면 대나무 섬유는 11세기부터 종이 만드는데 사용되었다.

사진 6. 대나무는 종이를 뜨기 전에, 껍질을 벗기고, 편리한 길이로 쪼개고 잘라서 끓이는 과정을 거친다.

사진 7. 중국에서는 볏짚을 종이 만드는 재료로 쓰는데, 3-4주동안, 적셨다 말렸다 다시 쌓기를 반복한다.

바람직한 닥은 흰색이지만, 약간의 붉은 흔적이 있는 것도 종이의 질에는 별 영향이 없다. 5년 미만 자란 삼지닥나무의 수피들은, 다른 닥나무들과 달리, 섞어 써도 종이의 질에는 영향이 없다.

일본에서 다른 닥나무들처럼 삼지닥나무의 재배는 줄어들고 있다. 1909년에는 570만 칸이 생산되고, 1923년에는 490만 칸으로 줄어들었다. 삼지닥나무는 중국에서도 자라지만, 내가 그 나라에서 본 바에 따르면, 일본에 비해 자연도 거칠고, 중국에서 삼지닥나무로 만든 종이 질은 전혀 일본 것과 비교될 수가 없다.

안피 수피는(Wikstroemia,Meisn. Passerina gampi,S.

and Z., of the family Thymelaeaceae)[목판3], 일본에서 가장 빼어난 종이 만드는 재료지만, 닥나무나 삼지닥나무만큼 일반적으로 사용되지는 않는다. 야생에서 자라는 안피 수피는 월계수등대풀(Daphne mezereum, L.)과 관련 있고, 바닷물과 멀리 떨어지지 않는 따뜻한 바닷가에 서식한다.

  안피는 닥나무나 삼지닥나무처럼 재배되지는 않는다. 수피는 상당히 빨리 자라는데 가끔 10피트 넘는 경우도 있고, 6월경에 붉은 밤색 계열의 작은 꽃이 핀다. 안피는 원형 잎, 타원형 잎 그리고 개이빨 모양 잎 등 3종류가 있다. 개이빨 모양 잎은 일본에서 히노우 또는 히오오로 알려져 있다. 안피 수피는 종이의 강도와 광택을 구체화한 것에 있어서 특별히 빼어나지만, 앞에서 말했듯이 이 수피는 닥나무나 삼지닥나무처럼 생산량 순위에는 잡히지 않는다.

  11세기까지 중국에서는 대나무를 주요 종이재료로 썼지만, 일본에서는 일반적으로 종이재료로 쓰지는 않았다. 일본에서 종이 만드는 가장 좋은 두 가지 대나무는 하치쿠와 마다케로 알려져 있다. 중국의 광퉁성에서 생산되는 가장 좋은 질의 대나무 종이는, 마우죽 [Phyllostachys edulis(Carr.) H. de Lehaie] 으로 알려진 것으로 만든다.[사진5] 반면에 질 낮은 종이는, 이름 미상의 옹죽으로 만든다. 종이를 만들기 위해, 건기에 대 줄기를 잘라 딱딱한 겉껍질과 마디 그리고 연결부위는 잘라 낸다.[사진6]

중국과 일본에서는 볏짚이 중요한 종이 원료로 사용되었다.[사진7] 가장 질 좋은 볏짚은, 비와 이슬을 맞지 않고 햇볕에서 잘 말려진 녹색을 약간 띤 연노란 볏짚이다.

일본에서는 종이 만드는 볏짚을 3가지 질이나 부류로 나눈다. '수베'라고 불리는 극상품은 머릿부분 부터 첫마디까지로 사용한다. 첫마디부터 땅위 1인치까지의 볏짚은 2등급의 '나까누끼'를 만드는데 쓰고, 나머지는 일본말로 '도우'라 불리는 저질의 종이를 만드는데 사용된다.

요즘 동양의 수제종이는 맥락에 있어서, 수 백 년 전에 만든 종이들 과는 서양 펄프의 혼합 때문에 많이 달라졌다. 한탄스럽지만 일본의 종이만드는 사람들에게 바라는 것은, 너무 많은 대체품(펄프)이 들어가 일본 종이 질을 망가뜨리기 전에, 양질의 종이를 만들기에 충분히 많은 양의 닥나무와 삼지닥나무를 재배해 달라는 것이다. 해마다 닥의 수확량이 줄어들수록, 제지업자들은 더 많은 저질의 펄프를 섞어 쓸 유혹에 쉽게 빠지기 때문에, 저질펄프 섞음질에 의해 종이 질이 떨어지는 경향은 심각해진다.

이 진지한 경고는 일본의 제지업자에게만 한정된 것은 아니다. 이는 상업적 편의주의에 의해 촉발된, 이런 질 떨어뜨리는 섞음질은 부분적인 일본의 제지업계뿐만 아니라, 동양의 다른 업계에도 해당된다.

종이의 싸이징 재료

　동서양의 종이에서 싸이징에 쓰이는 방법은 다르다. 각자의 목적에 따라 수 많은 기법들을 가지고 있다. 서양에서는 종이에 잉크가 침투하는 것을 막고, 수제종이의 작은 구멍을 막기 위한 마감재료로 점액질의 동물 가죽에서 추출한 아교나 싸이징재를 쓴다.

　유럽방식의 싸이징은 종이를 성형하기 전에, 넝마펄프를 싸이징재에 담그거나, 또는 종이 만든 후 마르기 전에 싸이징재에 담근다. 어떤 경우에는 특정의 활성화된 종이 특성을 살리려면 두 가지 방법을 다 사용하기도 한다. 금속 펜으로 글씨를 쓰는 유럽에서는 싸이징이 가장 중요하다. 싸이징 처리를 하지 않아 싸이징재가 포함되지 않은 압지는 잉크가 퍼지게 된다. 먹과 붓으로 글씨를 쓰는 동양에서는 많은 싸이징이 필요하지 않다. 그러나 글씨 쓰기위한 최종의 목적 때문이 아니라, 실제적으로 종이를 만드는 과정과 관련해서, 다양한 기술적 요구로 싸이징이 필요하다.

　일본의 종이 만드는 식물성 싸이징재는 틀로 실제로 종이를 성형하는 곳에 필요하다. 싸이징재는 긴 닥 섬유가 서로 엉키지 않게 하고, 동일하게 균일하고 평평한 종이가 성형 되도록 돕고, 또한 고유한 닥섬유가 가지고 있지 않는 강도와 어떤 광택을 증가 시킨다. 그러나 싸이징의 가장 중요한 기능은, 유럽에서처럼 수제종이를 만들 때 펠트로 간지를 끼우지 않고, 종이를 떠서 바로 그 위에 다음 장을 차곡차곡 얹어 놓음으로써 서로 달라붙는 것을 방지하는 것에 있다.

일본 중국 한국에서 사용되는 다양한 종류의 싸이징재를, 학문적으로 정리 구분하기 위한 노력을 할 때, 종이만드는 학생들은 각각의 식물들이 무수한 명칭으로 각각 다르게 불리어지는 것 때문에 더욱 어리둥절해 한다. 이러한 동양의 제지산지를 방문하면서, 나는 싸이징을 하는데 쓰이는 다양한 수피와 식물을 함께 수집할 수 있는 행운을 얻었다. 비록 재료들마다 각 지역 고유의 이름을 가지고 있어, 나는 좀 고되지만, 편집할 목록을 구할 수 있었다. 나는 호노라 사또라는 동양식물학을 하는 학생의 친절한 도움을 받아, 아래 기술된 식물들과 수많은 이름을 혼란스럽지 않게 구분할 수 있었다. 일본에서는 종이 만들 때, 쇼쿠부츠 노리, 추야 노리, 이시 노리라고 불리는 세 가지 싸이징(노리)하는 방법이 있다.

첫 번째로 이들 중에서 닥나무 수피로 종이를 만들 때, 절대적으로 중요한 것이 쇼쿠부츠 노리인데, 그것은 보기에는 이상하지만 이 독특한 식물성 싸이징 또는 점액질만이 섬세한 일본 종이를 서로 달라붙지 않게 하는 것이다. 쇼쿠부츠 노리는 일본의 다양한 식물 뿌리와 다양한 종류의 껍질로부터 거의 무한대로 얻을 수 있다.

쇼쿠부츠 노리는 교푸노리와 노리노키로 확실히 두 부류로 나눌 수 있다.[3] 교푸노리는 식물들로부터 얻고, 노리노키는 나무로부터 얻을 수 있다. 이들 모두 종이 싸이징에 맞는 끈적거리는 물질을 함유하고 있다. 교푸노리는 양아욱(Althaea officinalis,L.), holly hock(Althaea rosa), 오크라(Abelmoschus esculentus) 과 접시꽃(Hibiscus manihot,L.)을 포함하고 있다. 당아욱과 계열인 접시꽃이 아마도 다양한 종이 싸이징에 널리 쓰이는 식물 같은데, 일본에서는 지역마다 불리는 이름이 달라 많이 혼란스럽다. 코숔키, 오숔키, 토로로 아오이[4] 등이 흔히 불리는 이름이다.

교푸노리는 일본 전역에서 풍부하게 자라기 때문에 재배하지는 않는다. 이 식물은 기름진 땅에서 자랄 때는 잎이 무성하고 뿌리는 빈약한 반면, 거친 땅에서 자랄 때는 뿌리가 크므로, 뿌리로부터 싸이징재를 추출하여 쓰는 종이 만드는 사람들은 거친 땅에서 자란 것을 선호한다.

---

3) 노리노키(고무나무로 불림)는 특정한 나무나 수피의 이름은 아니다. 이 단어는 세부분으로 만들어졌다. 노리는 껌 또는 끈적거림이고, 노는 소유격이고, 키는 나무를 의미한다. 일본의 어느 나무도 껌을 생산하면 노리노키라고 불린다. 네리, 누베시, 네바리, 네바리모노, 네바 네바 수루모노, 토로로 등은 모두 노리의 유의어로 사투리이다.
4) 토로로 아오이와 아오이[holly hock(Althaea rosa)]가 한국에서 쓰이는 것처럼, 코숔키와 오숔키는 일본 사투리이다. 처음 두 단어를 구조적으로 보면, 코숔키는 중국어의 작다는 뜻의 코와 옛날 중국어의 점액질이란 뜻의 숔과 나무라는 뜻의 일본어 키로 이루어져 있는 반면, 오숔키의 오는 크다는 뜻, 숔은 점액질, 키는 나무로 되어 있다. 따라서 이 두 단어는 의심할 것 없이 작은 껌나무와 큰 껌나무에서 기원한 것이다. 표현하자면, 교푸노리는 작은 식물과 그리고 노리노키 또는 큰 껌 나무와 관계된다고 할 수 있다.

이 식물은 뿌리를 잘 키우기 위해 주로 싹과 꽃들이 제거된다. 이 식물은 잎이 노랗게 변하기 시작할 때, 땅에서 캐내어 잎과 줄기를 버리고, 뿌리만 묶어 건조한 곳에 보관을 한다. 왜냐하면 이 뿌리는 덥고 습한 기후에서는 빨리 썩기 때문이다.

앞에 설명한 일본이름 노리노키는 나무껍질로 부터 싸이징재를 추출한다. 노리노키를 생산하는 큰 숲 또는 원목은, 원추 꽃차례를 가진 수국이다.(Hydrangea paniculata, S. and Z., of the family Saxifragaceae 범의 귓과의).

노리노키는 마츠카와 노리노키와 호도카와 노리노키의 두 종류가 있다. 뒤에 것은 오도가와 노리노키라고도 불린다. 마츠카와 노리노키는 매우 연붉은색의 싸이징제를 생산하는데, 이는 아욱과 식물의 뿌리로부터 추출한 교푸노리 보다 더 좋은 점착력을 가지고 있다고 알려져 있다. 그러나 호도카와 노리노키는 무색의 그래서 종이를 오염시키지 않는, 마츠가와 보다 더 우수한 점액질 또는 싸이징재를 생산한다. 싸이징재를 생산하기 위해 심은 나무는 심은 후 완전히 자라는데 3~4년이 걸리므로, 수확할 때 땅에서 1피트 위에서 자른다. 큰 가지는 3피트 정도로 잘라서, 하얀 속껍질이 싸이징재를 만들 수 있을 만큼, 풀어질 때까지 나무메로 친다. 이는 뿌리를 쓰는 교푸노리 식물과는 다른 경우이다.

원추 꽃차례를 가진 수국(Hydrangea paniculata)은 종

이 산지의 중심인 토사와 시코우코 섬의 언덕과 산에서 풍부하게 자라고 있다. 타 지역에서는 니베[5]라고 불리지만 이곳에서는 타주 또는 타추라고도 불린다. 점액질을 제공하는 껍질인 일본덩굴은 비난 카주라 또는 비난 카추라(Katsura japonica, L.)라고 불린다. 그러나 이 덩굴의 껍질은 종이 싸이징을 위해 극히 적은 부분에서 사용되기 때문에 중요하지 않다. 여기에 언급한 것은 가능한한 완벽한 편집을 위해서이다.

일본 종이에 광택이나 윤기를 주는 것은 추야 노리라고 불리는데, 이는 쌀가루로 만든다. 고령토 그리고 비슷한 미네랄과 진흙은 일본 종이를 올리(loading)는데 사용하는데, 일본 말로는 이시 노리라고 한다. 물성 싸이징재(쇼쿠부츠 노리)는 종이 광택을 낼 때는, 츄야 노리를 넣거나 빼거나에 관계없이, 언제나 사용한다. 또한 이시 노리는 종이의 중량을 늘릴 때 사용하는 재료이다.

중국의 광동성에서 종이를 만들 때 쓰는 싸이징재는 사이입퉁충(Ilex pubescens,H.&A.) 이라는 상록 관목의 가지와 잎을 삶아서 만든다. 또한 중국에서는 카쌈님(Abelmoschus moschatus,L.)의 뿌리와 묵민나무(Bombax cieba, L.)의 껍질로부터 싸이징재를 만든다. 또한 파우화(Machilus

---

5) 타주, 타추, 니베, 우트주기, 우투수기, 사비타 이 모두 일본에서는 노리추수기를 의미한다. 아시아에서는 원추 꽃차례를 가진 수국(Hydrangea paniculata)으로 알려져 있다.

thunbergii, S. and Z.)의 대팻밥으로도 만든다. 마지막 것은 중국여성들이 머릿기름으로 쓰는 것과 동일한 점액질의 물질이다. 대팻밥으로부터 뽑은 싸이징재는, 여성들이 머릿기름으로 쓰는 것보다 질이 더 낮은 것이다.

  카드 두께 및 약 4인치의 폭으로 잘린 대팻밥은, 물을 넣은 토기 용기에 넣고, 맨발로 싸이징재나 점액질이 나올 때까지 짓밟는다. 액체가 대나무 통으로 모이면 종이 만드는 사람은 준비가 된 것이다.

  한국에서는 일본과 같이 종이 만들 때는 싸이징재로 닥풀(황촉규, Hibiscus manihot)의 뿌리를 쓴다. 이는 두 나라에서, 옛날부터 가장 좋은 종이를 만들 때 쓰던 방법으로, 종이 만들 때 실제로 사용되던 가장 좋은 싸이징재로 알려진 것이다. 내가 한국과 일본의 종이 산지를 방문하는 동안, 이 특별한 식물의 뿌리로부터 싸이징재를 준비해 내는, 전 과정을 확실히 볼 수 있었던 것은 나의 행운이었다. 가장 간단한 절차는, 상당한 시간과 인내를 요구한다는 것이다.

  한국과 일본에서의 노리는, 먼저 거친 겉껍질을 제거한 후에, 껍질과 뿌리를 걸죽하게 될 때 까지 으깨는 것이다. 걸죽하게 갈린 뿌리는 촘촘하게 짠 천에 싸서, 깨끗이 받아 놓은 물통에 넣는다. 걸죽한 것이 담긴 천에, 물을 충분히 머금은 몇 분 후에 누르면, 진한 점액질 또는 싸이징재가 천을 통해 흘러 나온다. 이런 주무르기 작업은, 갈린 뿌리와 껍질에서 더 이상 점액질이 나오지 않을 때까지 반복된다. 그런 다음 새로운 질퍽한 재료를 넣고, 물에 담그고 짜는 과정을 반복한다. 이 작업은 보통 여자들이 하는데, 그들의 임무는 모든 지통에 쓸 노리를 추출하는 것이다. 따뜻한 날씨에는 점액질에서 고약한 냄새가 날 염려가 있으므로, 항상 신선한 뿌리나 수피를 새로이 갈아 써야 한다.

  전술한 바와 같이, 아시아 원산의 식물성 점액질 재료를 쓰는 것은, 서양에서 발견하지 못한, 동양 종이의 어떤 특성을 주는 것 같다.

종이의 물감 재료

요즘 일본은 화학합성물감으로 그들의 종이를 물들이고 있다. 그러나 값싸고 조악한 물감이, 서양으로부터 도래하기 전에는, 그들은 다양한 식물의 열매, 뿌리, 껍질을 사용하여 이런 목적을 충족했다. 일본의 변두리에서는 아직도 종이를 물들이는데, 식물성 염료를 썼기 때문에 그들로부터 그것을 얻어, 가장 중요한 색조의 원료들을 나열할 수 있었다.

밝은 회색이나 석판색은 네무라사키(식물학적으로는 Lithospermum officinale)로부터 나온다. 한편, 밝은 밤색 또는 햇볕에 탄 색은 야시야부시(Alnus yasha) 열매로 부터 나온다. 섬세한 분홍색은 양치식물같은 수 호(Caesalpinia sappan, L.)에서 나온다. 그리고 다양한 명암의 노란색은 키하다(Phellodrndron amurense, Rupr.)에서 나온다. 아름다운 파란색의 명암들은 일본에서는 아이라고 불리는 식물로부터 나오는데, 식물학적인 명칭은 여뀌속의 연꽃이다.

예술적으로 물들여진 동양의 종이는 비교적 적다. 그러나 식물성 안료로 물들인 색이, 화학적 물감으로 물들인 것보다 더 곱고 색조도 오래 지속 된다.

종이 뜨는 중에, 지통에서 물들인 일본 종이들은, 대부분 부드럽고 은은한 명암을 띄고 있다.

어둡거나 찬란한 색깔이 필요한 예술가들은, 항상 고대의 표면 물들이기 기법에 의존한다. 이 방법은 바닥에 부드러운 천이나 스펀지를 깔고, 종이의 다른 면에 액체 안료로 바르는 방법으로 이루어진다. 수피섬유의 흡수성과 종이 만들 때 쓰는 식물성 싸이징 재가 그들에게 이상적인 물들이기 방법을 제공한다.

일본 종이를 염색하거나 장식하는 기술은, 종이 산지에서 이루어지지 않고, 독립적으로 설립된, 이런 종류의 작업 중심지인 도쿄같은 큰 도시에서 이루어진다. 일본에서 만든 가장 흰종이는 닥나무로 만든다.

삼지닥이나 안피로 만든 종이는 자연스러운 색조를 가지고 있어, 특히 에칭 판화나 목판화 작업에 잘 맞는다. 삼지닥과 안피 종이가 가지고 있는, 우아하고 섬세한 색조의 미적 수준은, 아무리 빼어난 염료 기술자라도 염색물감으로는 똑같이 모방해 낼 수가 없다.

제2장

동양의 종이 만드는 틀(mould)

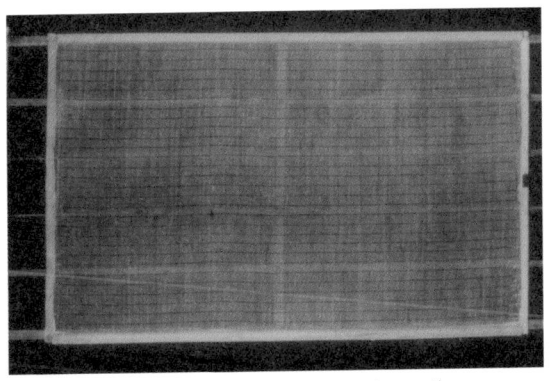

세검정에서 쓰던 장판지 뜨던 틀(1933년)
(규격 28.5인치×46.5인치)

서기 2세기 중국에서 종이가 발명된 때부터 틀(mould)은 종이 장인의 손에서 가장 중요한 도구였다. 그것만을 사용하여, 물위에 뜬 식물성 섬유를 부어 함께 동일한 층을 만든 후, 말리면 종이가 된다.

종이의 전체 역사는 틀 만드는 것과 너무 밀접해서 틀만 연구해도 종이의 역사는 알 수 있다.

수세기에 걸쳐 틀의 형성에 관한 완전한 이해 없이, 극동으로 고고학적 탐험에 의한 발굴로, 고대 동양 종이의 형성에 관하여 완벽한 결론을 내리는 것은 불가능하다.

아우렐 스테인 경과 스븐 헤딘[6] 박사에 의해 발견된, 모든 옛날 종이들을 볼 수 있었던 것은 나의 특권이 아니라, 이 귀중한 종이조각들이 '레이드' 형으로 만든 대나무 틀의 확실한 인상을 심어, 나의 견문을 넓게 한 것이다.

비록 초창기 종이들에 있는 이런 인상적인 선들이, 나의 추정을 지지해 주는 증거는 아니지만, 나는 최초의 종이가 '우브(wove)' 형의 천으로 된 틀에 의해 만들어지지 않았을까 하는 생각을 하지 않을 수가 없다.

어떻든 고대 종이의 표본에 관해서는 어떠한 기준도 없고,

---

[6] 아타(Atha)의 저명한 권위자 Aurel Stein경은 중국 투르키스탄을 여행하던중 여러개로 접힌 페이퍼 뭉치들을 발견했는데, 현미경 조사결과 부분적으로 넝마 섬유로 이루어진 것으로 최종 관찰되었다. 당국은 이 종이의 연대를 서기 150년 경으로 봤다. 서기 250~300년의 종이도 투르키스탄의 Nyia에서 Stein박사가 발견했습니다. 연대가 명확한 최초의 종이는 Loulan에서 Sven Hedin 박사가 발견했는데 년대는 서기 264년이다. 이러한 고대 종이 중 대다수는 대영박물관에 있다.

이 가정을 증명할 간결한 증거도 없다. 그러나 나의 직접 실험에 의하여, 실제 종이발명자가 사용한 절차를 시행착오 방법으로 따라해 보는 동안, 다음과 같은 결론에 도달했다.

'우브' 형은 최초로 사용된 방법임이 분명하고, 분해된 섬유들을 틀 위에 붓고 그 위에서 말렸다. 요즘처럼 틀을 섬유질이 풀어진 액체 속에 담그고, 젖은 종이를 즉각 떼어내지는 않았다는 것이다.

내가 상상하는 틀이 잠깐 동안만 사용되었지만, 글쓰기에 적합한 얇고 헝클어진 종이를 만드는 방법이라는 확신을 가진 종이발명자는, 충분히 오랫동안 확신했다. 이는 이전에 글씨 쓰기에 사용하던, 여러 가지 재료들을 경제적인 물질로 대체하게 되었다는 것이다.

나는 '레이드(laid)' 형이 언제 최초로 사용되었는지는 추측하지 않겠다. 아우렐 스테인 경과 스븐 헤딘 박사에 의해 발견된 초창기 종이는, 이 틀의 형성에 관한 인상을 분명하게 보여 주지만, 이 종이들이 최초에 만들어진 종이로까지는 년대가 올라가지는 않는다.

내 주장은 '우브' 틀이 너무 사용하기 쉽고, 이런 틀의 형에 대한 생각밖에 없어서, 발명가가 자연스럽게 처음으로 떠올린 방법일 것이라는 것이다. 나는 섬유질 액체가 있는 지통에, 담그는 '레이드' 형의 틀은 나중에 발명되었다고 생각한다. '레이드' 형의 틀은, '우브' 틀에 곧바로 이어 나왔지만,

사진 8. 중국 광동성의 직조형('wove') 틀. 이와 같은 종류의 틀 위에 채륜도 처음 종이를 떴을 것으로 생각된다.

'우브'형 틀을 충분히 최초의 자리에 놓을 수가 있다. 내가 아는 한, 아시아에서, 종이 성형시 천의 흔적을 고스란히 간직한, 2세기에 만들어진 '우브'형 종이는 발견되지 않았다.

현재 중국의 광동성에서는, 틀 위에 섬유질을 붓고 마르게 내버려두는 방식으로, '우브'형 틀을 사용하고 있다. 이 방법이 얼마나 오랫동안 사용되었는지에 관한 기록은 없지만, 채륜이 서기 105년에 최초의 종이를 발명한, 후난성의 흥초 근처 레양에서 200마일 쯤 떨어진 지방에서, 이방법이 사용되고 있다는 것은 주목할 만하다. 채륜이나 그의 도제들이 사용했을 것 같은, 최초의 중국식 틀에 관한 나의 가상적 개념과 너무 닮은, 광동성에서 나온 '우브'형 틀에 관해 이 장에서 그 사용 방법을 기술하겠다.

　광동의 '우브'형 틀(칸톤에 있는, 랑난 대학 식물학과 교수인 F.A.맥클루어 교수가 나에게 선물했다.) [사진 8]과 같이 생겼다. 이 특별한 틀은 등 종이, 또는 탕지라 불리는 특별한 종이를 만들 때 사용된다. 광동성의 화촨[Fatshan, 佛山] 시 인근에서 같은 종류의 틀로 금잎종이 또는 캄폭지를 만들고 있다. 이는 분명히 중국 목조각가에 의해, 형상이나 우상신을 장식하는 목적으로만, 금 잎을 얇게 두드려서 사용한다. 틀은 대략 16.5인치×21인치의 종이를 뜰 수 있다. 아마도 현재 중국에서 사용되는 가장 큰 '우브'형 틀은, 광동성 남쪽에 있는 코초우 근방인 마항에서 보았다. 이것의 치수는 34인치× 59인치이고, 큰 수피지인 타이페이지를 만드는데 사용 되었다.

　타이페이지의 면을 보면 '우브'형 틀이 종이만드는 싸이징 위에, 심한 제약을 주지 않는다는 것을 보여 준다. 분해된 섬유나 펄프를 '우브'형 틀 위에 붓고, 각각의 종이를, 그곳에서 떼어 내기 전에 말린다는 것을 이해했음이 분명하다. 좋은 날씨에도 종이를 말리는데 30분쯤 걸리므로, 이 방법으로 종이를 만드는 것은, 틀의 재고가 많이 필요하다는 것을 의미한다. 화촨 제지공장에는 헌 것과 새로운 틀이 약 2천개가 있었다.

　사진에 있는 광동형의 우브 틀은 형성과정을 확실히 보여

사진 9. 현재 중국의 고리버들 틀로 고대 형태인 직조형(wove) 틀로 지금 광동성에서 사용되고 있다.

준다. 양쪽 측면에는 지름 1인치, 길이 27인치인 대나무 봉이 있고, 3.5인치로 돌출된 다리는 역시 대나무로 된 빗장 위에 놓여 있다. 측면은 두 개의 긴 탈색한 대나무인데, 차콘죽(Arundinaria sp.)으로 만든다. 같은 길이의 빗장은 갈라진 마우죽(Phyllostachys pubescens(Carr.) de Lehaie)으로 만든 지름 3.4인치짜리인데, 이것이 나란한 지름에 장붓구멍이 뚫린 곳에 연결되어 있다.

종이 만들 때 섬유 펄프가 부어지는 천망은 추에마(Boehmeria nivea, Gaud)(모시, 레아 또는 중국 풀)로 되어 있다. 이는 대나무 틀의 간극에 정밀하게 맞도록 만들어

사진 10. 중국 작업자가 등 틀 또는 고리버들 틀을, 가장 고대의 종이 만드는 방법으로, 바닥에 놓고 펄프로 채우고 있다.

사진 11. 햇볕에 고리버들 틀 위에서 종이를 말리고 있다. 광동성에서는 모시 틀로 같은 방법으로 종이를 만들고 있다.

제2장 동양의 종이 만드는 틀(mould) 49

졌다. 이 직조물의 기본 가닥은, 굵은 무명실을 꼬아서 강도를 높인 것이다. 짜여진 모시망은 다음과 같은 방법으로 4개의 대나무 대에 조여진다. 망의 끝까지 같은 길이로 있는 가는 대나무 조각은, 천과 맞물려 좁은 간격을 두고 나란히 하고, 두꺼운 대나무까지 차례차례로 테두리 끝까지 성형하는 것은, 등나무 줄기를 각각의 부분에 나선형으로 돌아가며 감으면 된다. 묶는 방법이 너무 좋아서 직조천의 망 전체 표면에 걸쳐 탄력이 균일하다. 광동에서 '우브'형 틀들은 방부제 염료인 수에 릉 처리를 받는다. 종이 표본 51번은 '우브'형 틀로 만들어졌는데, 잘 살펴보면 천 자국이 나 있는 것을 볼 수 있다.

　체키앙성에서는 광동의 '우브'형 틀로 견주어 볼 때, 아마도 백년 이내에 발명된 것으로 보이는 종이만드는 틀이 사용되고 있다. [사진 9]에 보이는 5개의 틀 샘플은 원칙적으로는 광동성의 방식을 따랐지만, 버들고리 또는 등줄기의 모시천으로 대체 되었다. 등줄기는 폭으로는 5.8인치에 매 2.5인치마다 교차시켰고, 모시천과 같은 방식으로 물이 빠지게 한, 매우 거친 기초표면을 형성한다. 광동방식처럼 펄프를 이 틀 위에 붓고, 그 틀 위에서 종이를 건조 시킨다. [사진 10, 11]은 등 틀에서 볼 수 있는 것같이, 틀 위에 좁고 긴 막대를 대서 경계를 올려, 펄프가 흘러넘치지 않게 만들었다. 이 막대는 유럽 수제 틀에서의 뜸틀의 목적과 같다. 체키앙의 등틀로 만

사진 12. 사진 13번과 같은 형태의 틀. 작업자가 고해된 섬유가 든 지통에 틀을 담그고 있다.

사진 13. 중국의 발(laid) 틀. 이 표본은 편집자의 컬렉션으로 한 번에 3장의 종이를 뜰 수 있다.

든 종이의 규격은 45.5×59.5인치이고 대나무 섬유로 만들었다.

이제는 전 중국에 걸쳐, 수천의 작은 수제종이 생산자들이 일반적으로 쓰고 있는, '레이드' 형의 틀에 대해서 알아보자.

아마도 후키엔성에서 가장 많은 양의 종이가 생산된다. 그러나 가장 좋은 종이는 안휘성에서 생산된다. 두 성에서 모두 '레이드' 형의 틀을 사용한다. 종이가 발명된 이후 얼마 지나지 않아 중국에서는 '레이드' 형의 틀을 사용했다. 그리고 동서양은 물론 수제종이나 기계지 제조에 있어 모두 이 틀을 사용한다. '레이드' 형 틀의 기본적인 특성은, 젖은 새로 만든 종이가 성형되자마자 곧바로 틀로부터 떼어내기 때문에, 쉼 없이 계속해서 사용할 수 있다는 것이다.

'우브'형 틀은 모시와 등 성형 모두, 펄프를 틀 위에 붓고, 틀 위에서 건조하기 때문에, 많은 양의 틀이 필요하다.

전에 말한 것처럼, '레이드' 형의 틀을 펄프 통에 담가 틀 위에 얇은 섬유펄프 층을 올린다. 그리고 '레이드' 형의 틀은, 전체가 부드럽고 유연하므로 새롭게 성형된 종이를 틀 표면으로부터 즉시 분리해 내고, 틀을 다시 새롭게 종이 뜨는데 사용할 수 있다. 따라서 하나의 '레이드' 형의 틀은 수 백 개의 '우브'형 틀이 만들 수 있는 양과 같은 수량을 생산할 수 있다.

비록 틀의 크기와 다양성이 많지만 [사진 12, 13]은 중국에서 '레이드' 형의 틀의 좋은 예를 보여준다. 이 특별한 틀은 얇은 가죽 줄로 3개의 부분으로 구분되어, 한 번에 8인치짜리

사각형 종이 3장을 동시에 뜰 수 있다. 표본50번. '레이드' 형의 틀의 나무는 중국전나무와 대나무로 되어 있다. 측면의 두 막대기는 길이 34인치이고, 빗댄 나무는 12.5인치이므로 직사각형의 틀이다.

  틀의 주요 4개 막대기는 중국전나무(Cunninghamia, Hook.f.)로 만들었다. 17개의 얇은 가로지른 것은 신하대(Arundinaria or Sapa sp.)로 만들었다. 종이가 실제적으로 성형되는 커버 살은 틀에 의하여 지지되며, 이는 종이 장인의 가장 중요한 도구인 전체 틀이 된다.

  특별히 예를 든, 커버 살은 길이 30인치 폭 8.25인치로 대나무의 둥근 가닥으로 구성된다. 나무의 둥근 가닥은 철판에 둥근 구멍을 뚫고 대나무를 그곳을 통과 시키는 기발한 과정을 통해서 만든다. 대나무 가닥은 틀의 총 길이에 맞게 길지 않지만, 각각 8~10인치 짜리를 맞대어 이어서 쓴다. [사진 13]에 있는 틀은 인치당 13개의 대나무 가닥이 있다. 그러나 이 숫자는 일반적인 것은 아니고, 대나무살의 두께에 따라 인치당 대나무 살의 숫자는 수없이 많이 달라진다. 사진에서 대나무 가닥들이 간격을 두고, 함께 단단하고 촘촘히 묶여 있는 것을 볼 수 있다.

  끈의 재료는 광동의 '우브'형 틀을 만들었던 것처럼 우에마 또는 모시섬유로 되어 있다. 엮은 대살이 느슨해져, 대살 끝이 빠져 나가는 것을 방지하기 위해서, 좀 더 촘촘하게 엮은,

둥근 가닥이 함께 묶여 있는 곳을 제외하고는, 대살을 엮은 선은 1인치쯤씩 떨어져 있다.

수세기가 지났음에도 불구하고, 인치 당 대살이 몇 개이고, 엮인 대살의 실 간격이 얼마씩인가는, 종이에 남아 있는 흔적으로 알 수 있다. 이것은 유럽의 수제종이 장인들에게도 같은데, 단지 유럽에서는 대나무살을 머리카락이나 모시실을 사용하여 엮는 것 대신, 금속 줄로 대치하였을 뿐이다.

12세기 이후 유럽의 경직된 금속 줄로 만든 틀을 사용하여 만든 종이는, 중국의 2세기 대나무 틀로 부터의 산물임이 분명하다. 종이 만드는 것이 수 천 년에 걸쳐서, 중국의 레이양에서 스페인의 아티바(Xativa) 까지 이전 되었지만, 수 천 년의 여행에도 불구하고 그 원칙은 변하지 않았다. [사진 13]에 보이는 것은 중국 틀로, 대나무 살 발이 위와 아래에 있는, 하나가 다른 것 보다 약간 큰 대나무까지 다다른다. 두 막대기는 젖은 펄프가 넘치지 않게 하는 경계역할을 한다. 넘치는 것은 틀을 뜨는 작업자가 가지고 있는 빠진 두 개의 나무로 확인한다. 대나무로 만든 얇고 둥근 대살과 틀은 방수 칠(Rhus vernicifera)을 한다. 이 경계는 사면의 뜸틀 벽을 이루고, 두 가죽 줄은 틀을 세 개의 면으로 분리하여, 지통에 한 번 담갔다가 뺄 때 세장의 종이를 뜨게 만든다.

[사진 14]는 네 장의 종이를 동시에 뜰 수 있게, 3개의 가죽 끈으로 구분 되어 있다. 만약 좁고 긴 종이가 필요하면, 가죽

사진 14. [사진 12, 13]과 같은 형태이나 이 틀은 한 번에 4장의 종이를 뜰 수 있다.

끈을 떼어 내고 뜨면, 틀 전체 크기의 종이를 얻을 수 있다. 전 동양뿐만 아니라 중국에서도 '레이드' 형의 틀이 일반적이다. 크기는 다양하지만 중요한 원칙은 똑같다.

　종이 만드는 기술은 중국에서 한국으로 소개 되었다. 정확한 년대는 모르지만 오래전이다. 한국인들은 7세기경에 일본으로 이 기술을 전해 주었다. 일본인들은 타고난 기술로 종이 만드는 전문가가 되었고, 종이 만드는 닥나무 재배와 닥수피, 다양한 종이 만들기 및 경제적인 생산 측면에서 한국과 중국을 뛰어 넘었다. 조선에 일본이 출현하기 전까지, 한국 사람들은 자신들의 틀 만드는 방법과 그 틀을 이용하여 종이를 떴는데, 이는 원래 중국의 종이 만드는 방법을 고스란히 사용한 것이다.

　한국의 작은 제지 산지를 방문했을 때, 나는 중국 남부에 있는 광동성에서 사용하던, 우브(wove) 형 틀에 상응하는 것을 보지 못했고, 한국에서는 종이 만들 때 전혀 우브 형 틀을 사용한 적이 없었다는 것을 확신한다. 한국 종이는 그들 자신의 특별한 특성이 있는데, 이는 그들이 성형하는 틀과, 재료를 준비하는 기술에 주로 기인한다.

　금세기 초, 일본이 한국에 들어갔을 때, 한국인들은 그들만의 특별한 요구에 부응하며, 비록 초보적인 방법이지만, 그들 자신만의 방법으로 종이를 만들고 있었다. 성가신 한국 방식이, 적극적인 일본인들에게는 효율적이고 경제적이지 않게

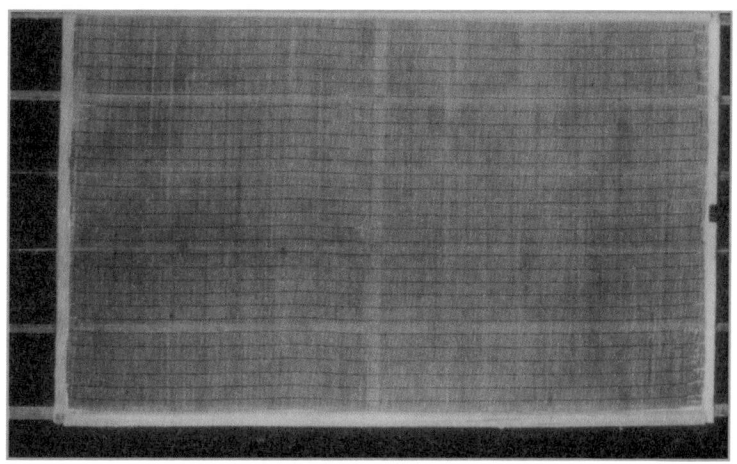

사진 15. 전형적인 한국의 발(laid)형 틀로 은평에서만 사용 되었다. 고리선이 길이 방향으로 나 있는 것을 알 수 있다.

보였고, 얼마 되지 않아, 뒤쳐진 한국 방식을 그들의 익숙한 방식으로 대체하였다. 이는 젊은이들이, 일본에서 하는 방식으로 수제종이를 뜰 수 있게, 배울 수 있는 기술학교가 서울에 세워짐으로서 달성되었다.

이 책의 다음 장에서는, 세상에서 하나뿐인, 수제종이 만드는 법을 가르치는 학교에 대하여 짧게 다룰 것이다.

종이 성형법이나 한국 고유의 틀 만드는 방법이, 일본식으로 바뀌는 데는 얼마 걸리지 않을 것이므로, 나는 산악 반도의 더 접근하기 어려운 오지에 있는, 작은 종이 산지에서 현재 사용되고, 남아 있는 그대로의 한국전통 기법들을 기록하고 싶다.

한국 중앙의 은평이라는 종이 만드는 작은 촌락에서, 그들이 직접 종이 만드는 것을 볼 수 있었던 것은, 나의 영광이었다. 그들은 내가 그 마을에 머무는 동안, 그들이 사용하던 틀을 인심 좋게도 나의 수장품으로 선물해줬다. 전통적이고 오래된 한국을 대표하는 이 틀에 관하여 충분히 묘사했다.[7]

중국의 일반적인 '레이드' 형의 틀처럼 한국의 틀도 4부분으로 구성되어 있다. 골격, 대나무 발, 두 개의 뜸틀 나무이다. 은평에서 나에게 준, 한국 틀의 골격은 1인치 두께의 부드러운 각목으로 되어 있고, 규격은 넓이 30인치, 길이 57.5인치이다. 삼각형 모양인 4개의 빗살이, 길이 방향으로 위까지 뻗어 있고, 틀 골격의 중간부분에 평평하게 빗댄 전나무는, 4개의 빗살에 추가적인 힘을 더해 준다. 전체 골격은 대나무 발이 놓이는 것이 단단히 고정될 수 있도록, 골격에 장붓구멍을 파서 나무못으로 단단히 고정되어 있다.

종이가 실제로 성형되는, 대나무 발은 얇고 둥근 대나무[8]로 만드 는데, 이것은 머리카락이나 모시실을 가지고, 일정한 간격으로 대 가닥을 함께 엮어서 만든다. 기술한 이 발은 인치당 15가닥의 대 가닥이 들어 있는데, 이는 일반적인 가닥 숫자가 아니고, 한국의 틀들은 다양한 세분된 것들을 보여준다.

---

[7] 일본 수제 틀의 유형에 대해서 나중에 설명할 것이므로, 최근 설명되는 한국의 개요와 관계된, 이 개선된 방법에 대한 설명은 필요치 않다. 그림같지 않지만 일본인들이 그들의 방법이 더 진보적이라고 생각하는 한, 얼마 안 있어 한국의 종이 틀은 일본인들에 의해서 사라질 것이다.
[8] 한국에서 '레이드' 형의 틀을 만드는데 대나무가 가장 일반적인 재료인데 한국의 예는 키가 큰 한국풀(억새, Miscanthus sp.)을 사용한다. 동양의 틀을 만드는데 있어 대나무가 이상적이다.

은평의 발은 7.8인치마다 엮었는데, 이는 한국의 다른 발들을 엮은 간격보다 좀 넓은 것이다. 나무 발의 네 귀퉁이는, 거칠게 짠 천으로 싸여져 마감되어 있다. 이 천은 끝을 보호한다기보다는 단지 경계 역할로, 대나무 가닥의 둘레를 꿰메서, 가는 대나무 가닥이 나란하게 유지되도록 하는 역할을 하는 것이다.

  틀의 넓은 쪽의 뜸틀은, 적당히 둥근 소나무 막대기로 만들고, 작업자들이 작업할 때 잡는 손잡이다. 틀 주위의 4면이 두 개의 영구적인 골격과 두 개의 떼어낼 수 있는 막대기로 구성되어 있으므로, 지통에 틀을 담가 뜰 때 액체 펄프를 효과적으로 틀에 가둘 수 있게 된다.

  모든 한국의 틀과 그것으로 만들어진 종이들은, 몇 가지 두드러진 특성으로 나누어진다. 발 선이 조밀하거나, 발 엮은 선이 좁거나 불규칙하거나, 종이 또는 틀의 길이가 다양하다는 것이다. 나는 1700년대부터의 수많은 한국종이를 관찰하였으나, 모두가 일반적이지 않아 기술한 표준에 적합한 표본을 찾을 수 없었다.

  모든 다른 동양(그리고 서양)의 틀들은 아래의 배열을 바꾸면 다 합치된다. 즉, 종이나 틀의 발 가닥선이 긴 쪽으로 났으면, 발을 엮은 줄들은 좁은 쪽으로 나란하다는 것이다. [사진 15]의 전형적인 한국 틀은 규격 28.5인치×46.5인치의 종이를 뜨는데 사용하는데, 이 종이는 기름을 바른 후에 집들의 방바닥을 바르는데 사용한다.

 일본의 종이 틀은 동양에서 가장 복잡하다. 다양한 현대적 요구에 부응하는, 완벽한 수제종이를 만들려는 노력과 시도로 항상 새로운 기구가 개발되거나 사용된다. 그들의 수제종이가 가진 진정한 순수 가치에 더하여, 일본 장인들은 상업적 가능성을 염두에 두고, 미국과 유럽에서 산업용 및 실용적인 목적으로 일상에서 쓰는 종이를 만들어 괄목할만한 발전을 이루었다.

 아무리 어려운 예술적인 수준의 것이더라도, 현재 중국이나 한국에서 수제종이로 만들지 못하는 것은 없다. 이를 기계로도 똑같이 만들 수 있다. 그러나 일본에서는, 많은 종이들이 여러 산업의 필요성만으로, 그것이 가진 감상적이거나 미학적인 조건 없이 팔린다. 어떤 몹시 얇고 다양한 긴 섬유로 만든 일본의 닥종이들은 기계로 만들 수 없다. 그러므로 일본의 수제종이 산업은 희망적이라 할 수 있지만, 동양 여타의 나라들에서는 기계지들이 수제종이 산업을 대체할 것이다.

 중국과 한국의 수제종이에 관한, 옛 사람들의 어떤 정서를 표현하는 것은 유쾌한 일이다. 그러나 구세대는 곧이어 새로운 질서에 길을 내줄 것이고, 모든 전통과 미신을 가진 고대 중국에서조차도, 젊은 사람들에게는 자랑스럽던 옛 기술들을 버리고, 현대의 기계적 적응들로 대치하고 싶은 열망이 있다.

 이런 경향의 가장 주목할 만한 현상은, 복잡한 그들 글자를 쓰는 특별한 기법을 개발하고, 유럽식 옷을 입은 젊은이들이 일상으로 만년필을 사용하고 있는 것이다. 서양 발명을 혐오하는 고전적인 옛 중국학자들은, 머리빗과 먹을 부여잡고, 그들의 우아한 서체가 변해가는 것을 한탄한다. 그러나 피할 수 없는 중국글자 서법의 변화는, 중국의 전 제지산업에 있어 혁명을 일으킬 것이다.

  일본 또한 삶의 많은 측면에서, 분명한 변화를 경험하고 있다. 기술력이 풍부한 섬나라의 장인들은, 시대 변화에 맞춰 종이만들기를 하고 있다. 최근에 그들의 종이는, 그런 다양한 특별한 상업 목적에 적응하였으므로, 일본 전체에 걸쳐 작은 제지업자들은, 그들의 계속성에 대하여 확신하고 있다. 이는 만약 현재 임금구조가 변하지 않는다면 사실이지만, 동양의 수제종이 산업이 싼 임금에만 의존하면, 결국에는 기계와 경쟁하여 끝날 것이다. 전에 말했듯이, 만든 종이의 최종 사용이나 만드는 공식은, 중국 이나 한국과 같지만, 일본의 틀들은 여타 아시아의 틀들보다 더욱 복잡하다. 그러나 최근 일본인들은 특정 목적에 맞춘 적응성 있는 특정형태의 틀과 더 빠른 생산을 위한, 그런 상업목적에 맞추는 생각을 가지고 있다. 일본에서는 수많은 형태의 틀들이 사용되고 있다. 최근 백여 곳이 넘는, 그 나라의 제지 공장을 조사해 본 결과, 나는 두드러진 두 가지 형태를 볼 수 있었다. 각각을 상세히 기술할 것이다. 일본에서 가장 흔히 쓰이는 틀의 형태는, 아랫쪽

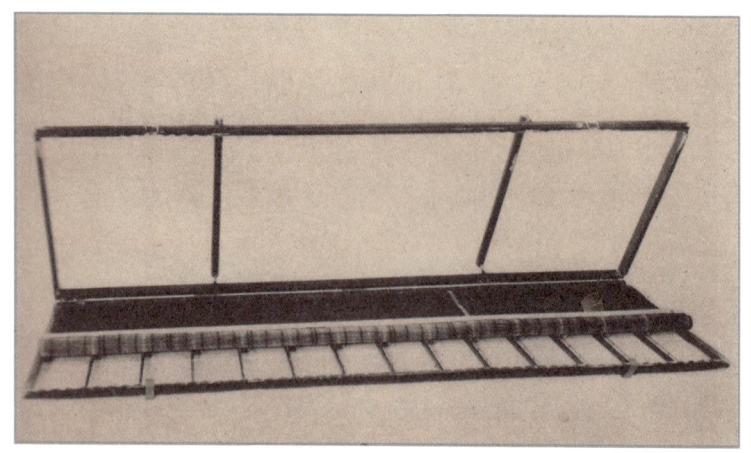

사진 16. 현재 일본에서 가장 흔히 쓰이는 틀. 위쪽 수게타 또는 뜸틀은 틀로부터 적당히 올라와 있다. 일본 시코우코 섬의 코치.

수게타(또는 골격)에 경첩이 달려 있어, 모든 다른 것들과 위쪽 수게타[9]나 뜸틀에 의해서 구분되는 것이다.

더욱이 이런 형태의 틀은, 위쪽 수게타로부터 손잡이가 두 개가 튀어 나오고, 간격도 편해서 작업자가 쉽게 잡을 수 있다. [사진 16]의 이런 형태의 틀은 일본에서 코조 라고 불리고, 주로 닥나무로 만들고, 21번 표본처럼, 가장 얇은 섬유종이를 만들 때 사용한다. 이 틀로 만든 손질하지 않고 자르지 않은, 종이의 규격은 22.75인치와 62.25인치고, 이러한 초박지는 세계적으로 다양한 상업적 목적에 따라 다듬어지고 잘라져서 사용된다.

이 틀의 덮개(수)는 고운 직물 종이로 짜서 만드는데, 모든

---

9) 수게타는 두 단어로 구성되는데, 수는 대나무 망 또는 가는 체 이고, 게타는 타일이나 담장의 줄이다. 이 경우 수게타는 수의 영역 안에 섬유펄프를 가두기 위한 뜸틀이나 담장을 나타낸다.

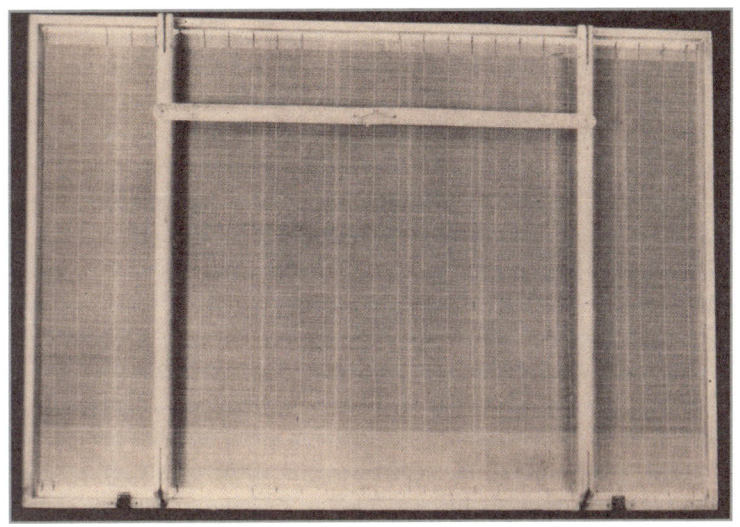

사진 17. 사진 16번과 같지만 타입의 틀, 단 약간 작고 발('laid') 덮개를 가지고 있다. 이 틀은 일본의 기후현 공장에서 사용하던 것이다.

노력이 만들어진 종이에 틀 덮개의 흔적이나 반점이 남아 있지 않게 하는 것에 투입된다. 이것은 특별한 대나무 수(su)를, 바탕이 인치당 34가닥의 고운 실크사가 지나간, 방수 처리가 된 비단천으로 싸서 완성한다. 이 'wove' 덮개를 지지하는 골격은, 얇은 구리 경첩을 단 가벼운 나무로 만드는데, 총 무게가 5파운드밖에 안 된다. 반면에 유연한 대나무를 밑에서 지지하는 비단천 덮개는 1.25파운드 밖에 안 나간다. 사진에서는 틀을 담가 뜰 때, 'wove' 덮개를 지지하는 13개의 빗살을 볼 수 있다. 각각의 나무 빗살은 'wove' 덮개가 나무 빗살로부터 떨어져 위에 있게 하기 위해서, 구리줄 다리 위에 올려 져 있다. 이는 만약에 덮개가 직접 나무 지지대 빗살 위에 놓여서, 기인되는 최종 생산된 종이에 줄무늬나 흔적을 제거하기 위해서이다. 이 약간 늘어진 철선 다리는 외국과 무역하는 과정에서, 특별한 목적의 종이에 줄무늬가 들어가서 발생하는 약간의 무역마찰을 없앨 목적으로만, 최근에 발명되고 적용된 것이다. 고유의 틀로 만든 한국의 대부분의 종이는, 이러한 어두운 줄무늬와 빗살 흔적이 꽤 눈에 띄지만, 이런 하찮은 결함은 종이를 사용하는데 있어 아무런 이의가 없다.

방금 설명한 것은, 일본 남쪽 시코우코 섬의 코치(高知) 근처에 있는 마카우치씨의 제지공장을 방문했을 때, 내가 선물로 받은 일본의 틀이다. [사진 17]은 작지만 같은 종류의 다른 틀을 보여준다. 이 도구는 기후현(岐阜縣)의 무지군 카미마키 무라의 우츠다 제지공장에서 사용하던 것을, 기후현(岐阜縣) 종이연구소의 관리자인 모리씨가 나에게 준 것이다. 경첩달린 이 두 개의 틀 모두, 내가 현지 공장 견학 갔을 때, 여자 작업자들이 실제로 쓰던 것들을 나의 수장품으로 넣은 것이다.

[사진 18]은 일본에서 종이 만들 때, 흔히 쓰는 다른 형태의 틀을 보여 준다. 이 도구는 일본에서 창호지나 칸막이용으로 쓰는 닥으로 만든 종이를 뜰 때 사용한다. 종이 규격은 34인치×68.25인치이다. 표본4. 나는 이렇게 큰 종이를 오카야마현과 후쿠이현(福井縣)에서 보았는데, 이 틀은 오카야아현 것이다.

지지하는 골격은 가벼운 무게의 나무로 만들었고, 16.25인

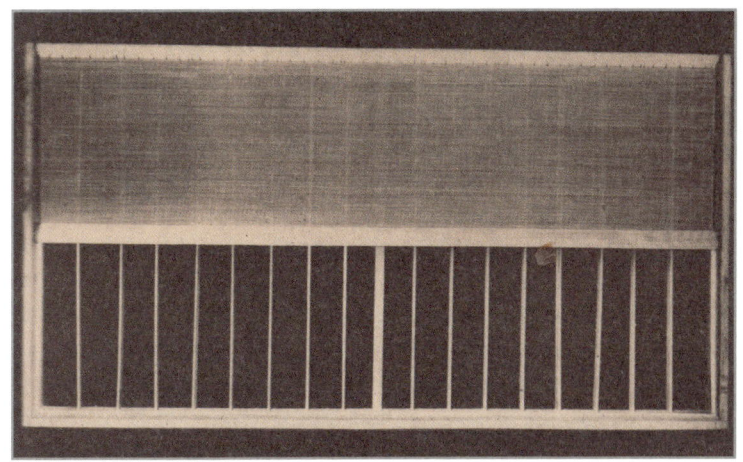

사진 18. 쇼지 또는 창호지를 만들던 틀로 이 종이는 매우 크다. 이 틀로 만들 수 있는 종이의 규격은 34 X 68인치이다. 일본 오카야마.

사진 19. 많은 종류의 유용하고 예술적인 종이를 만드는 작은 발('laid')형 틀. 이것은 가장 일반적인 틀로 일본 전역에서 볼 수 있다.

제2장 동양의 종이 만드는 틀(mould) 65

치 길이의 빗장과 1인치의 중앙을 지나가는 빗살을 가지고 있다. 모든 빗살들은 위쪽 끝부분에 맞춰 잘랐고, 따라서 '레이드' 덮개와 닿는 면이 최소가 될 수 있게 나오도록 되었다. 이 골격은 무게가 11파운드가 나가는데, 그러나 이런 종류의 틀은 2명의 여자들에 의하여 사용 되는데, 과정은 3장에서 자세히 설명된다.

  틀의 '레이드' 덮개는 모든 가닥들이 정밀하고, 조금도 틀리지 않게 연출된 금형틀을 통과한, 둥근 대나무 가닥으로 만들어진다. 7.5인치 길이의 대나무 살들의 90%가, 틀 전체 길이의 끝에서 끝까지 펼쳐지는 것이 필요하다. '레이드' 덮개는 인치당 25개씩의 대나무 살이 있다.

  대 살을 함께 엮은 실크천의 선들은, 단지 3.8인치씩만 떨어져 있지만, 일반적인 엮음선들은 1.25인치씩 떨어져 있다. 수(su) 또는 대나무 덮개는 대살과 나란하게, 끝부분에 삼각형 모양으로 된, 두 개의 나무 막대를 가지고 있는데 무게는 2.25파운드이다.

  [사진 19]에 있는 일본에서 매일 쓰는 작은 형태의 틀은, 그것으로 종이는 뜨지만, 상대적으로 작아 상업적으로는 의미가 없다. 보여준 작은 틀은 그 위에 종이를 성형하는 수(su) 또는 '레이드' 덮개를 놓는데, 이는 위쪽과 아래쪽에 수게타를 가진 3조각짜리 틀의 정규의 모습이다. 뜸틀 또는 위쪽 수케타는 이런 작은 틀들에서는 항상 경첩으로 연결되어 있지 않고, 작업자가 매번 종이를 뜰 때, 필요시 놓여 있는 것을 가

져다 쓴다. 에칭 및 목판화가들에게 매우 선호 되고 있는, 흔히 예술 종이라 불리는 종이를 만드는 이 틀은, 4곳 끝이 뜸틀로 되어 있다. [표본 13, 33]

유럽 스타일의 경직된 금속살 틀이 일본에 알려지지 않은 것은 아니지만, 동경 근처에 있는 제국제지공장에서, 이런 틀을 사용해서 다른 정교한 비침무늬(watermark) 표본은 물론, 만주국의 새로운 지폐를 만드는 것을 본 것은 행운이었다. 새로 단장한 이 제지공장의 수석 엔지니어인 미사오 무라이씨는, 나를 위해 철망으로 만들어진 가벼운 음영의 비침무늬 틀들과 또한 그것으로 만든 다량의 종이들을 보여 주었다.

이런 다량의 비침무늬 종이들은 나무 선반에 쌓여 있었는데, 사랑 받는 후지야마산에 관한 많은 것들을 포함한 것은 물론, 물고기, 새, 꽃, 동물, 풍경 등 일본 화보예술의 모든 방법으로 된 내용들을 담고 있었다. 나는 무라이 씨가 나에게 친절하게 선물한 것보다, 더 정밀한 비침 무늬와 가치 있는 종이를 본적이 없다. 유럽과 마찬가지로 일본에서도 이렇게 노력이 많이 들어가고, 완벽한 기술이 필요한 비침무늬는 상업성이 없다. 이는 고난도의 기술적 어려움을 극복 하거나, 종이로 유일한 예술적 경지를 달성하고자 하는, 소수의 장인들에 의해서만 만들어 진다.

내가 후쿠이현(福井縣)의 오카모토 근처 시골에서, 여러 대에 걸쳐 종이만드는 것을 가업으로 이어온, 옛 일본 학자풍의 신사인 이치베이 니시노 씨가 소유한 제지공장을 방문하여, 사용하고 있는 철망 틀을 볼 수 있었던 것은 행운이었다.

  채권이나 주식 인쇄용으로 일본에서 널리 쓰이고, 잘 알려진 삼지닥 벨렘을 만드는데 이 틀을 사용하고 있었다.

제3장

순례 : 한·중·일로의 종이 시간 여행

일본

　현지에서 종이 제조와 관계된 도구, 표본, 정보를 찾아 떠나는 동양으로의 순례를 진행함에 있어, 성공적이고 유익한 여행을 위한 가장 중요한 것은, 외진 곳의 종이만드는 곳을 잘 알고, 다양한 공장이나 공방에 쉽게 접근할 수 있는, 지인을 여러 나라에 걸쳐 가지고 있는 것이다.

　동양의 오래된 많은 제지 공장들은 외진 곳에 있어, 거기까지 외국 방문객이 거의 들어갈 이유가 없고, 공장주나 기술자는 그들의 기술을, 고리타분하게도 은밀하고 신비한 것으로 생각하고 있기 때문에, 아는 사람의 소개가 없으면 방문 목적을 달성하기 어렵다.

　제지공장 사장이, 본인이 잘 알고 신뢰하는 자국 신사의 적절한 소개가 없으면, 극히 우수한 공장도 외국의 난입자에게는 단지 검은 벽에 불과하다. 왜냐하면, 선천적인 예의바름과 호의를 가진 수제종이공장의 관리자는, 방문객이 그들의 일에 진지한 관심을 가지고, 존경의 뜻을 가지고 있다는 확신을 갖지 않으면, 높은 벽 뒤에서 벌어지는 것을, 보여 주는 것을 아무에게도 허락하지 않기 때문이다.

　동양에는, 얼마 전까지 구미의 공장을 둘러싸고 있던 중세적인 비밀주의가, 아직도 남아있다. 최근까지도 실제로 영국이나 이탈리아의 몇 개의 수제종이공장에서는 이와 같은 은둔과 과묵이 팽배해 있다. 나의 제지에 관한 일본에서의 체류는, 오지종이 주식회사와 관계된, 이 회사 전무인 다카시마씨를 비롯하여 일본제지연합회 사무국장인 세키박사, 오지종이 주식회사의 구매대리인인 야수노수케 후쿠키타씨, 이 회사의 수출부의 야마다씨 시메타씨등, 회사 관계의 많은 사람들에게 의해 기획 관리되었고, 동경의 미 대사관 직원인 시게오 나카네씨도 또 유익한 도움과 안내를 해주었다.

옛 종이에 관해서 일본의 권위자인 세키박사는 여행일정의 주선 및 일부 동행을 해 주었고, 반면에 상냥하고 근면한 신사인 야마다씨는, 나의 일본에서의 전 여정을 통역, 동행, 안내해 주었다. 이 책의 자료를 찾는 일본에서의 여행을 기록하는데, 나는 제지와 이것에 관계된 것만 한정해서 쓸 것이다.

일본의 오지와 직접 여행하지 않은 곳에도 특별히 관심이 가는 것들이 많다. 예를 들면, 이 나라 사람들의 일상생활과 기이한 풍습, 종교, 복장, 교통수단, 가게, 여관, 식당, 기생 등이다. 서양의 저술가에게, 동양의 그림 같은 것들을 무시하고 싶지 않은 마음이 나에게도 있지만, 나는 수제종이지와 이 작업에 관련된 것만을 자세히 기록하려고 하기 때문에, 이 방향에서 벗어나는 것은, 이 책의 기술 범위를 넘는 것이라 생각한다.

이번 제지여행의 계획은, 내가 일본 동경에 도착하기 전에 사전에 잘 준비되었기 때문에, 동경에 도착하고 며칠 지나지 않은 3월 초에, 나는 세키박사, 야마다씨와 저녁에 수도를 출발하여, 일본의 북쪽 해안을 따라 예정대로 다음 날 아침에 목적지에 도착했다.

협궤 열차는 순조롭게 달려, 거의 항상 정시에 운행되었지만, 침대차의 설계자는 짧고 좁은 침대칸 안에서 몇 밤인가를 지내야만 되는, 키가 6피트나 되는 종이 애호가가 편하게 자는 것을 배려해 주지는 않았다.

맨 먼저 간 곳은, 우리들이 방문하고 싶은 제지센타 중에 가장 가까운 후쿠이현(福井縣)의 에치젠(越前)에 있는 타케후의 작은 마을이었다. 타카다, 토야마, 후쿠이에서 갈아타고, 우리들은 동경을 출발한 다음 날 타케후에 도착했다.

그 마을에 우리들이 도착하자 얼마 지나지 않아 경찰과 몇몇의 군인들이 정중하게, 타케후 같은 오지 마을에서 외국인이 내가 관심을 갖는 것이 무엇인지에 대해서, 나의 동행자들에게 물었다. 야마다씨가 나는 전 세계를 닥섬유가 종이로 변해가는 과정을 보기 위해 여행하는, 해없는 공예가일 뿐이라고 관리들이 믿을 수 있게 설명하여, 저녁까지는 그들과 마주치지 않았다.

우리는 친절한 공무원인 세키씨를 통해서, 타케후에서 멀지 않은 곳에서 기계 제지공장을 운영하는 후지키씨를 소개받았다. 오래 전에 우리의 방문을 전달 받은 그는, 우리에게 그곳까지 가는 교통편을 제공해 주었다. 그러나 외진 곳으로 가기 전에, 우리들은 후지키씨의 기계제지 공장에 초대 받았다. 그 곳에서 많은 설명을 듣고, 우리는 차를 대접 받았고, 일본제지 공장에 대한 호기심이 많아졌다.

　일본에서는 공장 방문 전과 후에 손님에게 차를 대접하는 것이 전통이란다. 그것은 항상 차를 마시기 위해 만든 작은 방에서 이루어졌다. 사용되는 차는 녹차인데 컵은 손잡이가 없고 작다. 그러나 작은 뚜껑이 있어, 매우 공손한 인사를 하며, 대화를 하면서 천천히 마셔도, 오랫동안 차가 식지 않도록 해준다. 후지키씨의 제지공장에서 우리가 천천히 비더와 제지기계 옆을 지날 때, 숯불화로(히바치)에 모여 있던 작업자들이 세키 박사와 야마다씨에게, 외국에서 온 지식을 구하는 사람은 아랑곳하지 않고, 존경의 표시로 습기 있는 바닥에 그들의 머리를 갔다 댔다. 우리가 방문했을 때, 그 기계에서는 우리가 들었던, 얇고 투명한 종교 목적의 향을 싸는 종이를 만들고 있었다.

　에치젠(越前)에서 타케후까지 많은 수제종이 공장을 가는 동안, 우리는 자동차를 타거나 좁고 구불구불한 길을 수 마일씩 걷기도 했다. 수 백 년 전에는 운반 수단이라곤 가축과 사람뿐이었던 곳에, 작은 고립된 무리로 크고 작은 공장들이 함께 모여 있었다.

　에치젠(越前)의 특정지역을 갈 때, 우리는 운전사가 우리

사진 20. 종이 만들 때 닥나무 수피 중 검은 외피는 제거하고 내피만 사용한다. 사진은 일본의 시가라미에서 찍었다.

를 싣는 가벼운 미국자동차의 무게를, 좁고 길고 부드러운 길이 지탱할 수 없다는 생각을 한 곳을 맞닥뜨렸다. 그래서 그는 가벼운 탈것을 요청하는 전령을 다음 마을에 보냈다. 상당히 오래 기다리던 중, 수많은 둥근 얼굴로 게다를 신은 농부들과, 게이 옷 같은 것을 입은 어린이들이, 파란 눈의 외국인을 보기 위해 모여 들었다. 그 누구도 우리의 편의를 생각하지 않는 와중에 내가 전에 보았던, 가장 작은 두 대의 자동차가 우리를 향해 왔다.

그리고 나서, 목적지를 향해 출발해, 대나무가 휘어진 작은 숲과 큰 나무가 있는 숲을 지나고, 작은 종이창문 집, 가게,

신사, 이끼 낀 묘지를 지났다. 일본의 시골 밀집지역의 봄은 아름답지만, 그 시골의 진정한 생활상과 자연의 아름다움을 맛보기 위해서는, 여행자는 좋은 길에서 벗어나, 사람이 잘 다니지 않는 좁은 길을 걷지 않으면 안 된다.

우리는 마침내 유명한 니시노 수제종이공장이 있는 오카모토무라에 도착했다. 공장에 가기 전에, 그의 가족이 몇 대에 걸쳐 종이를 만들고 있는, 경영자인 이치베이 니시노씨에게 경의를 표했다. 니시노씨의 7명의 형제도 여기에 살며, 각각 다른 공예업에 종사하고 있다.

종이장인인 이치베이 니시노씨의 집은, 공방에 이어지는 경사진 좁은 구불구불한 길에 면해있어, 나무집의 낮은 주랑 현관의 지붕 밑에는 7개의 오래된 형태의 대나무로 만든 물통이 걸려있는 등, 집의 외관은, 놀라울 정도로 아름다운 무대장치 같았다. 닥종이를 붙인 가벼운 격자로 된 나무문의 무름은 공동체의 정직성을 증명하고, 집 안에 잘 닦여진 마룻바닥 위에는, 그 공방에서 만든, 모든 좋은 종이들이 가마니와 다발로 쌓여져 있다. 집은 거주용뿐 아니라 사무실로도 사용하고 있다. 옛 일본의 정중한 예절을 아는 존경할 만한 니시노씨는 나이든 세키씨를 보자, 무릎을 꿇고 몇 번씩이나 바닥에 머리를 조아려 인사를 했다. 인사를 마친 후, 우리들은 잘 닦아진 마루 바닥위에 놓인 숯불화로 (히바치)를 둘러싸고 앉아, 녹차와 작은 과자를 대접 받았다. 니시노씨는 겸손하게,

사진 21. 닥과 삼지닥과 안피 닥은 뚜껑 없는 큰 용기에서 나무를 때서 삶는다. 일본 신코쿠섬 토사지역.

사진 22. 일본 큰 제지 공장 중의 한 곳에서 삶거나 또는 니카타 하는 다른 전경. 닥 묶음이 잘리지 않은 채 잿물 용액에 놓여 있다.

우리들이 그 공방을 방문해줘서 영광이라고 하면서, 벽으로 둘러싸인 건물로 가는, 풀이 난 작은 길로 우리를 안내했는데, 그 곳에도 역시 작은 뚜껑의 컵에 부어진 뜨거운 녹차가 우리의 도착을 기다리고 있었다. 니시노 수제종이 공장은, 이 지역에서도 가장 자부하는 곳인데도, 대부분이 산만한 것을 보고 놀랐다. 이 반목조 건물은, 각기 종이뜨기를 위해서 원료를 처리하고 종이를 성형하는데 사용되고 있었다. 우리는 재료들을 삶아서 신선한 닥나무 향이 가득 찬, 따뜻하고 증기 가득하고 돌로 타일을 깐 창고를 오르락 내리락 했다. 그리고 큰 방에 들어갔는데, 그곳에는 낮고 타원형의 나무 지통이 늘어 서 있는데, 그 안에는 틀을 넣어 뜨기만 하면 종이를 성형할 수 있는 펄프가 담겨져 있었다.

  일본 수록공방의 방문자는 언제나 거친 돌바닥위에서 허둥지둥 가는 게다 소리에 섞인, 둔탁하고 느린 치는 소리와 물 바꾸는 소리를 듣는다. 그리고 전체적인 분위기는 습기가 강하고, 새로 고해된 닥의 놀랍고 신선한 향이 진하다. 니시노 공방을 방문하고 있을 때, 운 좋게도 이른바 벨름(vellum) 종이를 만드는 것을 볼 수가 있었다. 그것은 부드러운 장섬유의 자연스러운 색의 종이로 아름다운 책이나 판화에 사용되며, 각지에 있는 애서가나 판화수집가들에게 사랑받는 종이이다.

  이 종이는 주로 삼지닥의 수피로 만든다. 제 1장에서 나는 삼지닥 그 외의 제지용 식물의 재배에 대해서 설명했다. 그러

사진 23. 여자 작업자들이 젖은 과정 또는 미즈-나오시에서 세척되고 삶아진 닥으로부터 불순물을 골라내고 있다. 이것이 깨끗하고 티 없는 종이를 보증한다.

사진 24. 사진 23과 같은 과정인데, 단지 이 작업은 카라-나오시 또는 마른 과정에서 하는 것이다. 모든 방법이 지루하다.

나 여기서 제지에 사용되는 몇 가지 수피들의 실제의 준비 과정을 설명하는 것이 타당할 것이다.

  종이뜨기에 사용되는 수피는 줄기와 외피와의 사이에 있는 부분 얇고 하얗고 부드러운 내피이다.[사진 20] 거칠고 검은 외피와 줄기는 땔감으로 쓴다. 삼지닥의 줄기는 초겨울에 잘라서, 내외피 껍질을 모두 벗긴다. 그 후 수피를 말리는데 일본에서는 이를 구로카와 또는 흑피라고 부른다. 종이가 만들어지는 것은 거칠고 검은 외피를 벗긴, 남은 내피로, 지케가와 또는 가공처리가 끝나지 않은 또는 미표백의 껍질이라고 한다.

  이 미완성의 껍질은, 며칠간 흐르는 물에 담가 표백하고, 그 처리를 마친 것을 백피 또는 시로카와라고 한다. 다음에 백피는 삶는데, 삼지닥은 지케가와 상태로, 닥은 시로케가와 형태로, 안피는 구로카와 상태로 삶는다. 삶기에 앞서 사전처리는 거의 그 수피를 재배하는 농부, 또는 상인이 적당한 짐짝에 넣어 제지공장에 보낸다. 삶는 과정[사진 21, 22]은, 일본어로 지오하츄 또는 니카타라고 한다. 삼지닥, 닥, 안피의 껍질은 모두, 자르지 않은 채로 수피로 묶은 다발을 증기나 직화로 뚜껑 없는 삶는 솥(이케)에 넣어, 알카리 용액을 넣어 삶는다.

  삶는 시간은, 삼지닥과 안피 껍질은 약 3시간, 닥은 보다 질

사진 25. 종이 만들기에 적당한 크기로 삼지 닥이나 안피 섬유를 작게 하는데 일본에서는 홀란드 비더를 사용한다.

사진 26. 닥을 치는 과정에서 옛날 손으로 치는 방법을 모방하기를 원하는 것이 몇몇의 일본 공장에 기계적 스템퍼를 도입하게 했다.

사진 27. 비록 이 중세의 기계를 닮은 거추장스러운 발명품이 일본에서 닥을 두드리는 최근의 혁신적인 것이다.

기므로 그 생육연수와 부드러움 정도에 따라 6~8시간이다.[10] 삶은 껍질은 다시 며칠간 흐르는 물에 담가 놓아, 남아 있는 알카리 성분을 제거하고, 껍질의 섬유의 강도를 지키면서 자연스럽게 탈색되어 백색이 되도록 한다. 그 씻는 과정은 일본말로 아르아이 카타라고 하고, 종이 산지의 수많은 맑은 시냇

---

[10] 명치31년(1898년 3월 28일)동경에서 출판된 『일본제지론』의 저자인 코치(高知)의 겐타 요시이에 따르면, 일본에서 종이를 만들 때 재료를 삶을 때 사용하는 재료로, 볏짚은 생석회, 버드나무는 칼륨, 모든 잔가지는 잿물, 일반 닥은 나무재, 대나무는 가성재(수산화물과 황화물), 뽕나무 껍질은 깨끗한 새이다.

물에서 씻는다. 삶은 다음 두 번째의 세정을 마친 후, 원료는 미주 마오시라는 가장 혹독하고 힘드는 과정에 들어간다.[사진 23] 여성이나 소녀가 하는 이 일은 삶고 표백한 섬유로 부터 불순물을 제거하는 것이다.

이 힘든 작업을 위해, 수피를 맑은 물이 든 통에 담가 놓고, 모든 더러움, 벌레 먹은 흔적, 모래, 썩은 껍질, 미세한 흑피의 파편, 변색한 섬유 등을 정성들여 참을성 있게 손으로 제거한다. 이 실로 단순하지만 고생스러운 작업이, 일본 종이 만들기에 있어 하나의 비밀이다.

물통 대신에 테이블이나 다른 마른탁자 위에서 티 고르기를 하는 과정은 [사진 24]에서 보듯이 카라 나오시라고 한다.[11] 삼지닥, 안피의 경우, 해리는 보통의 비터 또는 아주 작은 형태의 홀렌더비터로 한다. [사진 25]

롤은 섬유가 당겨져서 찢어지거나 파손되지 않도록 바닥으로부터 충분히 멀리 떨어져있다. 좋은 종이를 뜨는데 사용되는 섬유는, 심한 고해에도 섬유가 길고 손상되지 않는 것이어야 한다. 닥피는 손으로 찢거나 기계 스탬퍼에 의해 해리된다. [사진 26, 27] 그것은 예로부터의 수타법을 모방한 것이다.

---

11) 도쿄 근방 제국제지에서는 고르는 과정이 여타 어느 일본 지역에서 관찰할 수 없는 방법으로 이루어진다. 일반적인 미즈 나오시를 마친 펄프는 작고 좁은 젖은 기계로 넣어 진다. 이 곳에서 닥 원료는 얇은 종이로 된다. 비록 아직 젖어 있고 이렇게 긴 종이 펄프가 빛에 투과 되면서 걸려 있지만, 작은 나무 표준을 넘는, 그래서 여자 작업자들이 모든 작은 티를 보고 손으로 아주 민첩한 솜씨로 떼어 낸다. 이 특별한 펄프는 궁극적으로 일본 정부를 위해 가장 좋은 벨름을 만드는데 사용된다. 미즈 나오시 또는 정선 과정이 끝나면, 펄프를 고해할 수 있다.

몇 개의 큰 공장에서는 고해한 닥을 다시 부드럽게 하는 과정을 거친다. 그것은 비단 천을 붙인 반원형의 대나무 통에 잘게 찢은 덩어리를 조금 넣는다. 대나무 통에 넣은 펄프를 흐르는 물에 담가 거대한 계란거품기를 닮은 금속 포크에 의하여 심하게 요동쳐 진다. 고해가 완성된 후, 펄프 통은 포크 같은 비더로부터 분리하고, 비단 천을 통해서 물을 빼고, 쌓인 펄프는 종이 만드는 사람이 쓸 준비가 된 것이다.

니시노공장을 방문하는 중에 유럽에서 수제종이 만들 때 쓰는 방식인, 경직된 철망 틀을 가지고 종이를 뜨는 것을 본 것은 행운이었다. 이 종이는 채권용으로, 종이마다 일본문자가 비침무늬로 있다. 모든 기호는 짠 망 안에 숨겨져 있어, 대지에 문자가 잘 나타나게 되어있다. 더 큰 종이는 22.5×33인치이다. 유럽타입의 종이 만드는 틀이 사용되고 있을 뿐 아니라, 종이 만드는 방식도 서양과 비슷하다. 그러나 일본의 삼지닥 종이뜨기는, 적당한 지료를 얻기까지 틀을 2~3회 반복해서 뜨는데, 유럽에서는 한 번에 뜬다. 물론, 이 차이는 원료 특징의 차이에 의한 것으로, 동양의 삼지닥, 닥, 안피는, 서양의 넝마와는 섬유도 질도 상당히 다르기 때문이다.

니시노공장의 견학을 마치고 우리들은 다케후에 돌아 와 거기에서 후지키씨가 마련해준 연회에 참석해 회와 술, 그 마을에서 나는 맛있는 음식을 맛보았다. 이는 나에게 있어 순수한 일본 생활방식을 접하는 첫 경험으로, 그 음식은 이국적이었지만, 마루 바닥 위에 무릎을 꿇고 몇 시간이나 앉아있는 것은 고역이었다. 몇 명의 기생이 동석 했는데, 키쿠에 야마다양과 후쿠에 마쓰노야양 두 사람은 나를 위해 오래된 일본의 종이뜨기 노래를 불렀다.

그 정확한 유래는 불확실하지만, 시는 명백하게 수세기 전부터 내려온 것이다. 그 가사를 번역하는 것은 어렵지만, 이 지방에 에치젠(越前) 자기는 물론 칼, 모기장 망, 염색 천, 마블지 등을 사러오는 외국인에 대해 소박하게 호소하고 있다. 하나의 가사는 이와 같이 반복되어 불려진다.

다케후 명물, 철물, 모기장
토산품을 삽시다 수미 나가시[12]

요정에서 연회를 마치고, 우리들은 하룻밤을 지낼 작은 여관에 가서, 차와 녹색의 잎에 싸인 분홍색 코코넛을 대접받고, 안뜰에 쌓인 눈을 종이창 하나만으로 가린 방에서 잤다.

일본 침대는 많은 모포를 여러 장 겹쳐 깔아 방바닥 위에 놓여 있고, 교묘하게 접은 덮개 안에 숯을 넣은 숯바구니가 준비된, 화로 또는 석탄 그릇으로 구성 되어 있다. 아침에 만난

---

12) 수미 나가시는 두 가지 뜻이 있다. 하나는 물 표면이 색으로 오염되어, 표면이 색으로 오염된 종이와 관련된다. 마블링과 같은 방법이다. 두 번째 의미는 염색천을 의미한다. 내가 아는 한, 노래에서 수미 나가시를 사용하는 것은 이 단순한 노래가 완성 되었을 당시의 화려한 종이나 천을 의미했다.

예의 바른 경관이 노란색과 붉은색의 제복을 입은 2명의 군인과 더불어, 내가 여기에 온 이유를 재확인하러 왔을 때, 나는 겨우 잠깐 눈을 붙였을 때이다. 공무원들은 나의 동료들에게, 내가 다케후에서 하룻밤을 지내는 첫 외국인이므로, 나의 정확한 임무를 아는 것은 아주 중요한 것이라고 말했다. 또 동료들은, 나를 제지공예에 대해 아주 열심인 학자에 지나지 않고, 종이에 대한 책의 자료를 모으기 위해, 에치젠(越前)에 온 것이라고 설명했다. 검을 찬 경관은 명백하게 의심스러운 얼굴을 하고 있었지만, 나의 초상 비침무늬가 들어 있는 서양 종이를 보고 나서, 내가 전혀 종이에만 관심을 가지고, 연안의 요새의 지도를 만든다거나, 제국의 다리 하나를 파괴하거나 할 의도가 없다는 것을 납득했다.

다음날 아침 일찍, 세키박사, 야마다씨와 나는, 아주 오랜 옛날 에치젠의 장인에 의해 헌정된 오카모토 마을 근처에 있는 신사를 참배하기 위해 출발했다. 그 건물들 중 하나의 안에는, 항상 노란 예복을 입은 사제가 있어, 이 지방의 제지에 관한 많은 자료나 종이를 볼 수 있을 것이다. 에치젠의 정확한 제지의 기원은 모르지만, 아주 오랜 옛날부터였다고 주장하는 상상의 지방 전설이 전해 내려오고 있다.

전설에 의하면, 아름다운 여성으로 변장한 신이 강 근처에 나타나, 종이뜨기 틀을 흉내 낸 대나무 발 위에 그의 옷 일부를 놓고, 종이를 만드는 동작처럼, 그것을 흐르는 물에 담가

사진 28. 세상에서 가장 인상적인 성역으로 고대 종이 공예에 헌정된 오카모토에 있는 한 신사 건물.

흔들었다. 그 신기한 일을 본 마을사람들은, 흥분하여 놀래 그 이상한 동작의 의미를 가르쳐달라고 했다. 전설에 의하면, 그 답은 이렇다. 이 토지는 좁고 척박하나, 산에서 흘러나오는 물은 깨끗하다. 따라서 나는 이곳사람들이 그 기술로 살아갈 수 있도록 종이뜨기를 가르치겠다. 마을사람들이 당신은 누구십니까? 라고 묻자, 나의 이름은 미즈하 노메 노 미코토 라고 답하고 그 순간 홀연히 사라져, 마을사람들에게는 보이지 않게 되었다.

그 신기한 일이 있고 얼마 되지 않아, 에치젠(越前)에서 종이뜨기의 기술이 확립되어, 주변의 사람들은 오카모토 근처에 아름다운 신토 신사를 세워, 에치젠(越前) 제지의 시조로서 미즈하 노메 노 미코토를 섬겼다.[사진 28]

사진 29. 한 변 16피트 이상의 가장 큰 수제종이를 만들 때 펄프를 펼치는 것. 일본 후쿠이현의 오카모코.

사진 30. 작업자들이 큰 종이를 만들려고 펄프를 펼치고 있다. 두 장만 만들어졌고, 한 장은 동경 와세다 대학에서 그림 그리는데 사용했다.

제3장 순례 : 한·중·일로의 종이 시간 여행   87

6개로 이루어진 아름다운 고회색의 목조 기와 건물군인, 세상에서 가장 영험 있고 이끼 낀 지붕에, 가는 광선을 계속 비추는 거대한 상록수에 반해서, 조용한 언덕에 서있는 아름다운 신사는 종이 공예 신에게 바쳐졌다.[13]

지금까지 만들어진 최대의 수제종이는, 신토 신사 가까운 오카모토의 이와노 공장에서 만들어졌다. 한 장만 필요했으나 2장을 만들었고, 각 각의 규격은 16피트 8인치의 사각 종이였다. 그 종이는 규정대로의 방식으로 뜨기에는 너무 커서, 장인들은 마루바닥 위에 다공성의 표면을 깔고, 그 위에 펄프를 끼었었다. 그래서 대체로 평균적인 얇은 두께로 종이를 만들었다. 그 과정은 [사진 29, 30]에서 볼 수 있다.

거대한 종이 한 장은 동경의 와세다 대학의 일본수상으로 대학 총장이었던 고 오쿠마를 기념하는 건물의 그림을 그리는데 사용되어, 대학은 한 장만 필요로 했다. 남은 한 장은 제지기술의 진귀한 견본의 조각을 나에게 기꺼이 제공해준 오오사카의 종이 수집가인 카도타씨가 가지고 있다.

오카모토가 속해 있는 에치젠(越前) 지방은, 다행히도 큰 만과 쓰루가 항이 있는데, 이 곳을 통해서 아시아대륙의 고대 조선인이나 그 밖의 이주자가 도래 했다.

쓰루가 항에서 약 20마일정도 떨어진 후쿠이(福井)시(행복 우물, 또는 축복 우물이라는 뜻)은, 수세기에 걸쳐 성과 무장

---

[13] 동경 근처, 옛 제국제지 공장의 복잡성은 이 독특한 기념물의 작은 부분으로 모셔져서 수많은 정부 작업자들에게는 끊임없는 영감을 준다.

한 가신을 거느린 에치젠의 다이묘(봉건 귀족)가 거주했다. 에치젠 영주, 마쓰다이라는 서양문명을 받아, 자유로운 사상과 일본의 개혁을 주창하는 선구자 중의 한사람이었다.

1872년 까지 수많은 다이묘가 다양한 형태, 가격, 두께의 지폐를 발행했는데, 모든 화폐가 제국정부에 회수된 지 오래 되었다. 1867년 까지는 적어도 3종의 지폐와 49종의 주조화폐가 유통되고 있었는데, 많은 지폐는 에치젠에서 만든 것이었다. 왜냐하면 이 지방은, 그 감동적인 역사로 유명할 뿐만 아니라, 종이, 차, 비단으로 잘 알려진 산지였다.

8세기로 거슬러 올라가면, 조선의 사절이 종이를 전해 그 종이를 보고 감탄한 일본의 장인들에 의해 세련된 종이가 만들어졌다. 현재 후쿠이현(福井縣)에서 생산되는 수제종이는 연산 50만엔으로, 남자 287명과 여자 493명의 장인들을 완전 고용하고 있다.

에치젠 종이 대부분을 보고 충분히 만족한 다음, 수제종이 공장이 많은 미노[14]의 제지업을 시찰하고 싶었으므로 우리들은 남쪽의 기후현(岐阜縣)으로 떠났다.

기후현(岐阜縣)에서는 3,500 가구 이상이 제지업에 종사하

---

14) 미노, 에치젠, 토사 등의 이름들은 이전 자치령 때의 이름이고, 이는 일본제국이 재명명한 것을 적용한 19세기 동안에 원칙적으로 무너졌다. 그러나 전에 쓰던 자치주의 명칭은 그들이 한 번 자치령이었던 지역을 지칭하는데 아직도 쓰고 있을 뿐, 정치적인 행정구분은 아니다. 예를 들면, 전에 미노 자치령은 지금 기후현(岐阜縣)이고, 전의 에치젠(越前) 자치령은 지금의 후쿠이현(福井縣)이다. 그런 더 현대적인 이름뿐만 아니라 고대의 이름을 쓰는 것도 맞다. 사실 일본에서는 현대 명칭보다 옛날 이름을 더 자주 들을 수 있다.

고 있는데, 연간생산액은, 200만 엔이다. 기후시에서 1 내지 2개월 전에 개업한 유럽식 호텔을 발견했는데, 내가 그 곳 최초의 서양손님이라는 것에 기뻤다. 기후시는 천년 동안 일본인에게 알려진 스포츠 형태인, 강에서 하는 가마우지 낚시, 나가라로 유명한 관광지이다.

미노의 가장 우수한 수제종이 공장들은, 기후시에서 자동차로 1시간도 안 걸리는 무기군의 카미마키 마을 근처에 있다.

우리들은 카미마키무라 종이는 닥으로 만들어지는데, 서기 1190~1198년(일본력 1850~1858)에 오오타가 최초로 만들었다고 전해진다. 미노지방은 아름다운 언덕과 계곡, 맑은 강이 많으며, 토양은 비옥해 닥의 생육에 적합한 것들로도 유명하다.

카미마키무라에서 나에게 특히 흥미로웠던 것은, 발 만드는 작업장을 방문한 것이다. 거기에서 숙련된 장인이 얇은 대살을 나란히 놓고 비단실로 엮어, 발의 발눈과 실눈을 만들어 나가는데, 모든 작업은 마루바닥에 앉은 채로 이루어졌다. 이 일은 3개의 방이 있는 작은 집에서 이루어졌는데, 한 개는 작업장, 또 한 개는 종이 뜨는 지통이 설치되어 있고, 세 번째 방은 주인, 부인, 아이들과 자매들이 생활하는 곳이고, 종이 뜨는 공정에 맞는 모든 일이 이 집안에서 이루어지고 있었다.

수제종이를 뜨고 있는 일본의 각지에는, 많은 지통과 많은 작업자를 고용한 큰 공장들이 있다. 큰 공장 주변에는 10여

개의 또는 수 백 곳이, 작은 지통 한 개만을 가족의 노동력만으로 영위하고 있는 공방이 산재해 있는데, 많은 집들은 같은 공간 안에 제지용구와 가족이 동거하는 형태이다. 그러한 집과 공방을 결합하고 있는 것은, 오래된 발 만들기에 속한 하나로, 이 작은 집 문 위에, 표식처럼 걸려있는 많이 써서 낡은 발로 구별할 수 있다.

　나는 처음으로 닥의 수피를 손으로 치는 것을 보았다. 그것은 참으로 흥미로운 광경으로, 여기에서는 제지가 카미마 마을에 도입되었다고 생각되어지는 12세기부터 전혀 바뀌지 않는 과정이라고 한다. 집주인이 그 지역의 다른 공방에서 쓸 발을 만드는 옆에서 여동생은 닥피를 두드리고, 부인은 지통에서 종이를 뜨고, 아이는 종이를 말리기 위해 건조판에 습지를 붙인다. 분명히 중세 시대를 연상시키는 광경으로, 장인들은 수작업의 기교를 근본적으로 파괴하는 근대적 기계 같은 것은, 전혀 감지 못하는 것 같았다.

　나에게 흥미로웠던 수타(우치카타)는, 2×4피트, 6인치 두께의 무거운 돌 위에서 행해진다. 한줌의 닥피를 돌 위에 놓고, 물을 끼얹어 가면서 두 개의 나무 방망이로 두드리는데, 그 방망이는 여성이 양쪽 손으로 들고 리듬에 맞춰가며 번갈아 두드린다. 펄프가 돌 표면에 펴지면, 때때로 물을 끼얹으면서 긴 섬유화 된 펄프가 될 때까지 반복해서 두드린다. [사진 32]

　세키, 모리의 친절한 교섭에 의해, 나는 다행히도 [사진 31]

사진 31. (a)사이타마의 오가와-마치의 수피 벗길 때 쓰는 의자와 칼 (b)카미마키 무라의 방망이 (c) 코치의 종이 자르는 칼 (d)마른 빗자루 오카야마

사진 32. 옛날 방식의 손으로 닥 두드리기. 이 방법이 빨리 사라져서 몇 몇 시골에서나 볼 수 있다. 시가라미 마을

같은 나무방망이15) 를 나의 컬렉션에 추가 시킬 수가 있었는데, 그것은 내가 이 작은 공방에 들어왔을 때 발을 만드는 주인의 여동생 쓰던 것이다. 또 [사진 17]에서 볼 수 있듯이 친절한 나이든 발장인이 만든 발을 손에 넣을 수 있었던 것은 기쁜 일이다.

아름다운 기후현(岐阜縣)을 떠나는 것은 섭섭한 일이었지만, 우리는 남쪽으로 종이여행을 계속했다. 나는 주로 일본에 있는 수제종이에만 관심을 가지고 일본 여행을 했고, 와중에 오지 회사에 속하는 몇 몇 기계제지 공장들을 시찰하는 것은 즐거운 일이었다.

오사카에서 우리들은 미야코시마와 요도가와 공장을 시찰했는데, 모두 훌륭한 최신 설비로 세계에서 만들어지는 기계종이와 동등한 것을 만들고 있었다.

오사카에서는 이 공장의 이사인 호리코시씨와, 미나구치씨의 환대를 받았다. 오랫동안 고대의 제지에 대해 연구를 한,

---

15) 사진에 보이는 두 나무 방방이는 긴 나무 방망이와는 쓰임이 다른데 이들은 종이 만드는 과정을 표현할 때, 몇 몇 옛 종이 인쇄 과정에서만 보인다. 히시카와 모로노부가 쓴 '와코쿠 쇼쇼쿠 에쥬쿠시' 『화국제직회진』 (1861년 간행)라는 책의 사진에 보이는, 펄프를 치는 긴 직사각형 도구는 통가와 피지의 사모아에 있는 것과 다르다. 엔겔 캠퍼 (Engelbert Kaempfer) 박사가 일본을 방문 한 후, 1692년에 '닥은 ..... 단단한 쿠스노키 나무 막대기로 두드린다.'라고 말했다. 지예 쿠니히가시가 엮은 '카미수키 초호 키' 『지록중보기』 (1798)라는 책에서는 긴 골프채 모양으로 후쿠사이(1769~1849)가 그린 우끼요에에 보이는 것과 같은 종류의 도구라고 기술했다. 길고 점점 가늘어지는 방망이는 현재 시네마현에서 사용되고 있다. 미노 나무망치의 기원지와 사용되기 시작한 시기는 추적할 수 없지만, 이것들은 중국의 어느 지역에서 시용되는 것과 유사하다.

사진 33. 효고현 나지오에 있는 작은 제지공장. 장인들이, 옛날 방식대로, 작업할 때 앉아서 하는 유일한 종이 만드는 마을

사진 34. 33번과 같은 작은 공장으로 작업자들이 지통 앞에 앉아 틀을 담그고 있다. 일본의 옛날 그림은 이것을 묘사하고 있다.

호리코시씨는 이 주제에 관한 동양 저작물들의 장서는, 일본에서도 가장 포괄적일 것이다. 나는 그의 컬렉션에 나의 책이 몇 권 포함되어 있는 것을 보고 기뻤다. 미즈구치씨는 3~4년 전에 암살된 고 하마구치수상의 형제였다.

오사카에서 그다지 멀지않은 곳에 수제종이 산지로 알려진 나지오 마을이 있다. 나지오의 종이뜨기에서 가장 관심 가는 것은, 일본의 다른 종이 산지들에서는 서서 종이를 뜨는데, 이곳에서는 종이 뜨는 사람이 지통 앞에 앉아 있다는 것이다. 나지오 공방의 풍경은 [사진 33, 34]에서 볼 수 있다.[16]

[사진 35]에 보여 지는 기념비는 이 지방의 종이시조를 기념해서, 나지오의 종이장인들이 세운 것이다. 비 앞에 서있는 신사는 카도다씨인데, 그는 오사카 상인으로, 제지관계의 물건들을 모으며, 특히 나지오의 수제종이 산업에 연관되어 있다.

일본의 수제종이뜨기에 관한 정보를 찾기 위하여, 가는 다음 여정은 시코쿠 섬이다. 이 섬은 일본의 바로 남쪽에 있고, 고치의 남쪽 항으로, 고베에서 기이이 운하를 지나 도사만으로 해서 간다. 해상 여행은 거친 바다를 약 14시간이나 걸려

---

16) 전일본에서 옛날에는 종이 장인 등이 모두 지통 앞에 서서 종이를 떴다. 히시카와 모로노부가 쓴 4권짜리 '와코쿠 쇼쇼쿠 에쥬쿠시' 『화국제직회진』 (작업 보조자)(2판, 1865)라는 책의 사진 두 장에서는 종이 장인이 앉아 있는 것으로 그려졌다. 카미수키 초호 키가 1798년에 그린 판화에도 같은 과정을 볼 수 있다. 드물지만 잘 알려진 쿄쿠란사이 사다히데(1820~1867)의 우키요에(채색 목판화)에는, 나무 지통에서 종이를 뜨는 여자가 낮은 의자에 앉아 있는 것으로 묘사 되었다.

사진 35. 에치젠에서 종이 만드는 기술을 배운 야에몬 히가시야마로 이 마을의 종이 만드는 선도자에게 헌정된 나지오에 있는 기념비

서 가는데, 작은 배, 텐우마루(우리와 함께하는 신)호는 저녁에 출항하여 다음 날 아침 고치의 오랜 마을에 도착한다.

일본신요회사의 마카우치씨가 부두에서 우리를 맞았고 우리는 자동차로, 대부분 열대식물 식생을 볼 수 있는, 낮고 산만한 여관인, 시로니시칸에 도착했다. 토사에 머무는 동안 우리는 이 전형적인 일본 여관에 기거했다. 고지현에서 10여개의 작은 지통 하나를 가진 종이공방을 시찰한 외에도, 도쿠히라 제지공장을 보았다. 그 곳에서는 지푸라기 펄프로 종이를 만드는데, 짚을 삶거나 종이를 뜨는 과정은 다른 공장들과 같지만, 종이의 질은 흔히 쓰는 것들보다 낮았다.

카우치 공작의 후의로 극히 정성 가득한 연회가 준비되어, 그 곳에서 우리는 이 지방 제지업 관계자들을 만났다. 이 연회가 달을 잡는 집이라는 뜻의 토쿠게츠 로에서 이루어졌는데, 그 곳에는 500명 이상의 기생이 있다고 한다. 많은 기생들이 종이 뜨기노래를 연습해 연회에서 샤미센 반주에 맞춰 노래를 불렀다. 내가 노래 가사를 부탁하자 그녀들은 즐거워했고, 여기에 기록한다.

토사 노 메이부추
산고 니 쿠지라
카미 니 키 이토 니 마츠오부시,
요사코이 요사코이!

토사 노 코지 노
하리마야 바시 데,
보산 칸자시 카우 오우 미타,
요사코이 요사코이!
코이 노 모츄레 모 사라 사라 토
카미 수쿠 오토메, '미쓰 코지',
우추루 칸자시 미주 카가미,
타레 니 모라타 베니 산고?
코치 코시야, 베니 산고!

종이뜨기 공예가 토사지방의 연회에까지 침투해 있어, 이 옛 노래를 번역해 보았다. 나는 가사의 역사에 대해서 알 수 없지만, 그 노래가 유명하고 고치에서 오랫동안 계속해서 불려왔다는 것은 확신한다.

시코쿠 섬의 제지 소개에 있어 현대에도 어울린다고 할 수 있다. 이 가사의 영어본을 번역하면, 다음과 같다.

토사의 명물 산호와 고래
종이, 생사, 마른고기(가다랭이포)
오세요, 오세요, 우리 동네를 방문하세요!

코사현의 코치에서는
내가 히리마야 다리를 걸을 때
머리 민 스님을 보았다.
빨간 산호가 장식 된 머리핀을 산,
요사코이 요사코이!

뒤얽힌 연애를 옆에 던져두고
틀에서 종이를 떼어낼 때가
코지 양, 종이 만드는 여인 중에 가장 예쁜 아가씨여,
지통 물에 반사된 행복한 그녀 얼굴,
그러나 누가 산호 장식된 머리핀을 줄까?

우리는 코지와 산호 장식을 기다린다.[17]

코치(高知)의 나날은 제지공방의 시찰과 우리를 위한 연회와 환대로 빈틈없이 지냈고, 모두 교훈적이고 즐거웠다.

어느날 아침, 고치 마을에서 그다지 멀지 않은 타카오카군 타카오카 무라에 있는 마루 토시 제지공장의 모리사와씨로부터 점심을 같이 하자는 연락이 와서 기뻤다.

마루 토시 제지공장은 일본 가옥의 격자 창문에 바르는 닥종이 공장으로 유명한데, 그 종이는 작은 직사각형의 창문을, 한 장으로 바르는 데 충분한 크기인 24×68인치이다. 바른 창호지는 봄마다 섬세한 나무틀에서 떼어지는데, 일본의 주부들은 유리 창문을 닦는 번거로움을 모른다. 마루 토시 제지공장이 있는 다카오카 마을은 시코쿠 섬의 오지인데, 좁고 겨우 지날 수 있는, 그 길에 연해서 빛바랜 종이창에, 페인트칠을 하지 않은 목조 가옥들이 경작지와 함께 산재해 있었다.

우리들이 방문한 공장은 휴일이어서 조업은 하지 않았지

---

17) 일본의 시가에는 감정을 듬뿍 넣어 표현하는 일이 없고, 말 혹은 성구는 마음이나 정서를 암시하는데 지나지 않는다. 일본의 시는 실은 시의 독자가 그 자신의 마음을 불러일으키는, 단순한 골격내지 윤곽이므로, 문자대로 번역하면, 그 시구는 작자의 충분한 의도를 서양의 지성에게 전하지 못한다. 일본에서는, 장식된 산호 머리핀은 특별한 사랑의 증표(기념품)인데, 승려는 결혼하지 않으며, 그가 여성스러운 것을 사거나 보거나 한다고는 생각되지 않는다. 그러나 승려가 산호의 장식품을 종이뜨는 처녀에게 선물하고, 그녀는 매일 일하면서, 종이를 만들기 위해 담그는 지통 안에서, 반사되는 그 모습을 보고 만족하는 것을 추론할 수 있다. 코치의 종이 뜨는 처녀는, 전 일본에서 가장 아름다운 여자인 것이다.

만, 모리사와씨와 관계자들은 우리들을 환대하며 이층으로 데려 갔다. 그 곳에서 나는 처음 보는 예스럽고 귀중한 접시들이 놓인 낮은 테이블을 보았다. 이곳 주인은 풍습이나 전통이, 수백년 전이나 거의 변하지 않은 곳에 살고 있는 사람인 것 같았다. 그 식당의 사방 벽들은 미닫이 종이 창문으로 둘러싸여 있었는데, 두 개의 창문을 열어 바깥의 경치가 바라볼 수 있도록 했고, 다음 날이 4월 1일인 시코쿠 섬의 봄은 매력적이다. 우리들은 10인치정도로 낮은 티크재의 식탁에 앉아, 다양한 색들로 익숙하지 않은 모양으로 장식된, 케이크, 생선회, 진녹색의 잎으로 포장된 분홍 코코넛이 입혀진 부드러운 다공질의 당과, 김밥, 그리고 다양한 취향의 자극적인 쏘스, 나에게는 전혀 새로운 먹을 수 있는 것들에 즐거워했다. 격식 차린 점심 식사 후, 강을 따라 잡초가 무성하게 자라난 오솔길을 걸을 때, 유명한 일본인형을 닮은 화려하게 차려입은 동그란 얼굴의 어린아이들이, 우리 뒤를 따라 오며 재잘거렸다. 타카오카군 같은 변두리 지역에 사는 어른이나 아이들에게, 장신의 금발 남자를 보는 것은 드물었으므로 호기심을 자극하기에 충분했다고 생각한다. 일본의 조용한 지방에서는 색들을 사용하고 감상함으로써 가난조차도 그림 같고, 감미로운 것으로 만들고 있으므로, 모두가 단조롭고 평범한 것은 아니다. 영국이나 미국에서는 가난이라는 것은, 단지 더럽고 비참한 것이기 때문에, 앵글로 섹슨 족 사람들은 일상에서의 색채의 중요성을 이해하지 못한다.

전술한 바와 같이, 10여 곳 또는 그 이상의 큰 공장들에서는 다수의 지통과 종업원이 있고, 수많은 가내공업적인 제지공장은 농부와 그 가족들에 운영 된다는 것만 다를 뿐, 현재 종이뜨기에 사용되고 있는 작업방식은, 일본의 모든 공장이 거의 똑같다.

다음의 시설물과 과정에 대한 설명은, 어딘가 하나의 공장이 아니라, 최소 100개 이상의 공장들을 조사해서 수집한 것이다. 따라서 통합적인 설명의 성격을 띠고 있고, 사용하고 있는 사진도 일본 각지의 공장에서 찍은 것들이다. 제 2장의 [사진 16, 17]에서 볼 수 있는 제지 틀들은, 이 제국에서 가장 많이 사용되는 타입으로, 4분의 3의 수제종이가 이 타입으로 만들어진다. 또 얇은 장섬유인 닥지는, 다른 곳에서 잘 볼 수 없는 타입의 틀을 사용하는 것으로 먼저 설명하겠다.

종이뜨기에 실제로 사용되는 주요 장비는 4가지로 이루어진다. 종이를 직접 그 위에 뜨는 제지 틀, 분해된 펄프 액을 담는 지통(수키부네), 지통 안을 휘젓는데 쓰는 큰 빗 모양의 교반기(마세 또는 사부리), 새로 만든 종이를 겹쳐 쌓아 놓는 대 또는 탁자이다.

지통; 펄프를 담는 용기는 만들기가 지극히 간단하다. 두께 3인치의 목재로 넓이 4피트, 길이 7피트, 깊이 2피트인 직사각형의 통인데, 통의 가장자리에는 나무로 만든 교반기를 영구 지지하기 위한 마세게타라는 것이 만들어져 있다.

  교반기는 빗 모양으로, 마음대로 뗄 수 있고, 이 지주 위에 놓고 쉽게 흔들 수 있는 것으로, [사진 36]에서 분명하게 볼 수 있다. 마세, 즉 이 휘젓는 기구를 사용하지 않을 때는 벽에 걸어놓는다.

  일본의 수제종이 통은, 서구의 것과는 달리, 마세, 또는 마세 게타를 제외하고는 도관, 상설 장착된 교반기(호그), 다리 등의 부속물 등은 없다. 지통바닥의 물을 배출할 때, 2줄로 배열된 타일은 빈 나무통(지통)을 비울 때 버티는 받침대 역할을 할 뿐이다. 지통에 타일 장식이 있는 것들이 있는데, 타일의 임무는 물을 배출하는 통 바닥을 보호하는 것이 유일한 사명이다. 배수관은 없다. 작업을 시작하기 위해서, 지통 윗부분에서 약8피트 아래까지 깨끗한 물을 넣는다. 다음 필요한 수량의 종이를 뜨는데 필요한 만큼의 고해한 펄프를 손으로 넣는다. 필요한 양을 가늠할 수 있는 명확한 체계적인 기준이 필요하다. 점토를 벽돌로 만드는 방법과 비슷하게 고해된 펄프를 사각형의 나무틀 안에 압착하여, 사각의 덩어리로 만든다. 이들 습기를 머금은 펄프 덩어리는 각각 일정한 치수와 두께의 많은 종이가 된다. 계량하는 방법은 완전히 단순하고 모두 가장 실무적인 경험에서부터 오는 모든 시사점을 반영하는 것이다. 펄프덩어리는, 노리 또는 사이징재(제1장)와 함께 넣는다. 마세 또는 교반기를 지주에 걸고 지통안의 펄프를 완전히 휘젓는다. 이렇게 하고나면 펄프와 물이 혼합되어, 무수히 분리된 섬유 유상액이 현탁하게 된다. 이 휘젓는 과정은 상당히 많은 시간이 필요하고, 어느 정도 일정한 간격을 두고 반복해야 한다. 지통 안의 원료가 적어져서, 새로 펄프를 추가할 때도 마찬가지이다.

　지통에 물과 펄프, 싸이징재를 넣고 완전히 휘저어진 것이 채워지면, 종이를 뜰 준비가 갖추어진 것이다. [사진 37]에서 보는 바와 같이, 틀은 머리 위에 있는 대나무 봉의 끝에 4줄로 매달려 있고, 그 봉은 틀을 단단하게 매달고 있으면서도, 매달린 그 틀을 쉽게 조작할 수 있도록 탄력성과 균형을 제공한다. 경첩이 달린 아랫 틀과 윗 틀 사이에 대나무로 만든 발을 놓고, 비단천으로 덮여 있는 틀은, 사진과 같이 다루기 쉽게 두 개의 손잡이가 달려 있다.

　이 틀을 능숙하게 기울여, 물에 젖은 섬유액을 비단천 표면에 떠올린 다음, 앞뒤로 흔들면, 제1 지층이 생긴다. 제1 지층 위에 여분으로 남은 액은 지통 안에 버린다. 틀을 다시 지통에 담가 다음의 층을 만든다. 시종 얇은 섬유액을 퇴적 층위에 얹어 틀을 흔들고, 남은 액은 윗 쪽 뜸틀(수게타)을 넘어 흘러 나가 도록 한다. 여러 번 지료를 떠 몇 번이고 흔들어서 종이가 성형되는데, 실제로 흔들어 성형하는 마지막에 작업자는 틀을 지통 앞 끝 부분으로 가져와, 부채를 부치는 것처럼 틀을 움직여 여분의 액을 버리는 것으로 종이 만

사진 36. 지통에서 종이 뜰 준비를 위해 펄프액을 교반하고 있는 두 작업자. 이 젓는 과정은 꾸준히 반복되어야 한다.

사진 37. 오른 쪽의 두 작업자는 종이를 뜨기 위해 틀을 담그려 하고, 왼쪽 두 사람은 종이를 쌓으려고 한다.

들기가 완성된다.

 수많은 시간 동안 틀을 능숙하게 다루는 것을 보고, 수 백장의 종이 뜨는 과정을 관찰하였음에도 불구하고, 종이뜨는 과정을 글로서 묘사하는 것은 쉬운 일이 아니다.

 전체적인 기법은, 유럽에서 수제종이 뜰 때 사용하는 기술과는 분명히 다르고, 서양의 것보다 훨씬 더 숙련된 기술을 필요로 한다고 할 수 있다.

 지금 기록한 화지뜨기의 기법은 나사시주키(흘림뜨기)라고 불리고, 더 간단한 다른 방법은 틀에 뜬 모든 펄프를 사용하는 방법으로 타메주키(가둠뜨기)라고 한다.[18]

 나가시주키 또는 나가시수키(흘림뜨기)와 타메주키 또는 타메수키(가둠뜨기)라는 일본어는, 발위에서 종이섬유를 결합시키는데 사용하는 2개의 기법을 나타내는데 사용한다. 전자는 일본이나 동양에서의 기법이고, 후자는 수제종이를 뜨는 유럽과 전서양 나라들의 기법이다. 나가시주키(흘림뜨기)라는 용어를 구성하는, '나가수'는, '수평으로 유동하는 것' 또는 '평평하게 흐른다' 또는 '거의 평평한'을 의미하고, '주키'는 수키에서 왔는데, '만드는' 또는 '종이를 뜨는 물기를 빼내는'이라는 의미에서 왔다. 이 기법에서는, 식물점액 또는 노

---

18) 종이 뜨는 발에 지층을 형성하는 2가지 방법에 대해, 각 각의 작업과정에 대해 상세하게 설명하는 것은 중요한 일이다. 이 기초 위에 근대 동 서양의 수제종이 만드는 법이 서 있기 때문이다. 두 개의 용어는, 일본어 이외에는 다른 어느 언어에서도 표현되고 있지 않으므로, 그것은 일본에서 사용하고 있는 명칭을 그대로 사용하기로 한다.

리(제1장 참고)가 지통 펄프에 반드시 첨가된다, 따라서 기법도 재료도 순수하게 동양적이다. 나가시주키(흘림뜨기)에서는 섬유원료는 틀 안에서 전후좌우로 흔들린다. 지료 액의 물은 발을 통해서는 단지 일부분만 빠지고, 발을 움직임으로써 발위의 섬유가 서로 결합하도록 하고, 지엽이 원하는 두께가 되면, 여분의 물은 틀에서부터 지통 안으로 흘려버린다. 타메수키(가둠뜨기)란 용어는, '담아놓는다' 또는 '가득 채워둔다'는 의미에서 유래한다. 이 종이뜨기의 기법에서는, 원료 또는 펄프를 발(수) 위에 떠서 가볍게 흔들고, 여분의 물이 모두 발에서 빠져 나가게 하는 것이다. 이름이 의미하듯이, 타메수키(가둠뜨기)는 발위의 틀에 섬유액을 담아두고, 발의 망을 통해 물이 전부 빠져 나가게 내버려둔다. 유명한 일본의 교쿠시(국지)는, 서양의 수제종이와 같이 이 기법으로 만들어진다. 요약하면, 가둠뜨기 기법은, 지료액과 섞여 있는 물이 발을 통해 빠지고, 발위에 종이가 생기지만, 흘림뜨기는 발위에서 지료를 흔드는 조작으로 종이가 생기고, 발을 통과해 떨어지는 물은 적다는 것이다. 종이뜨기의 나가시주키(흘림뜨기) 기법은, 특히 박엽지, 일본인이 실로 훌륭하게 만들고 있는 얇은 닥종이를 뜨는데 적합하다. 나가시주키(흘림뜨기)는 명치이전에는 일본의 주요한 기법이었지만, 서양의 제지지식이 도입되어, 일종의 무거운 종이(후지류)에 한정해서 타메수키(가둠뜨기)가 적용되었다. 그러나 전형적이 화지에는 나가시주키(흘림뜨기)기법이 사용되고 있고, 그것은 일본인들이 모든 다른 나라의 종이뜨는 기술보다 뛰어난 면인, 보통의 얇고 섬세하며 질긴 종이를 만들어 내는데 가장 적합한 방법이다. 서양방식의 도입에 앞서, 일본인은 타메수키(가둠뜨기)에 유사한 종이뜨기기법을 사용한 적이 있는데, 진짜 유럽양식의 도구의 도입은, 명치 초기에 겐타요시이가 대형연록기를 개발할 때이다. 나가시주키(흘림뜨기)기법의 장점과, 그것이 제지공장에 미치는 영향을 아래에 열거하겠다. 식물성 노리(닥풀)의 사용, 발 위의 섬유펄프를 거세게 흔드는 것과, 발 위에서 여분의 섬유 펄프를 버리는 것은, 나가시주키(흘림뜨기)로 불려지는 기법의 세 가지 현저한 특징이다. 서양에서는 손으로도 기계로도, 도저히 흉내 낼 수 없는 일본 종이만의 특질은, 이 세 가지 동양적인 독특한 과정에 기인한다. 이 세 가지 각각의 과정특성들이 긴밀하게 연결된 조합이, 일본 종이에 어딘가 모를 매력을 부여하고 있다. 그것을 더 자세히 적는다.

 (a) 닥풀(노리) 또는 황촉규(토로로)는, 그 중요한 접착기능 이외에, 유상액 상태를 만드는데 도움이 되므로 펄프에 첨가한다. 물에 젖은 섬유는 물보다도 비중이 무겁기 때문에, 물이 닥풀(노리)과 미리 섞여서, 농도가 진하게 되어 있지 않으면, 섬유는 통 아래로 가라앉고 만다. 노리(닥풀)는 물속에서

섬유를 골고루 잘 분산시켜 액중에 부유시키고, 섬유가 불필요하게 엉키거나 꼬이는 것을 방지한다. 노리(닥풀)는 또, 발에서 빠지는 물의 속도를 늦추고, 섬유펄프가 상당한 시간 동안, 틀 위에서 분리된 지엽으로 성형되거나 굳는 것도 방지한다. 노리(닥풀)를 섞지 않으면, 펄프는 발 위에서 빨리 굳고, 발 위의 천이나 대나무를 통해서 물이 빨리 빠져 나간다. 나가시주키(흘림뜨기)기법으로 종이를 뜨려면, 보다 많은 시간과 기교가 필요한데, 그것은 지극히 얇은 종이를 성공적으로 뜰 때 쓰이는 기법이다. 그러나 이 기법은 얇은 종이 뜨기뿐 아니라, 어떤 두꺼운 종이를 뜰 때도 쓰이는 기법이다.

 (b) 발 위에서 지료를 재빠르게 '전후좌우로 흔드는' 과정은, 일본에서는 시료 나가시(지료흘림)라고 부른다. 자주 이 반복되는 동작은, 이질적인 불순 물이 발에 들러붙는 것을 방지하고, 발 표면에 섬유가 교차해 얽혀 배열되는 것을 돕는다. 이와 같이 해서 만들어진 종이는 특히 강하고, 모든 방향으로 섬유가 놓여 있는 고른 천 같은데, 이는 발 위에서 성형된 펄프 층이 차곡차곡 쌓여서 성형되었기 때문이다.

 (c) 토수이(물버림)라는 말은, 남은 유액을 틀에서 통 안에 버리는 과정을 말한다. 지료액이 발 위에 떠지면, 섬유는 즉시 발(수)에 접착되고, 표면에 뜬 찌꺼기 나 이물질들은 틀에

서 제거된다. 따라서 토수이(물버림)과정은 불순물은 물론 여분의 물이 제거되는 것이다. 매번 틀을 지통에 담가 원하는 두께의 종이가 발 위에 쌓일 때까지, 지통에 발(수)을 담글 때마다, 여분의 것들은 틀에서 흘러 나가게 내버려 둔다. 각각을 따로 인지할 수 없을 만큼 얇은, 여러 겹의 섬유 층들을 함께 쌓아, 최종 한 장의 균질한 종이가 성형 된다.

방금 설명한 나가시주키(흘림뜨기)기법의 세 가지 중요한 특징들은, 동양 고유의 것들 때문에 적용되는 방법이 다른 것이지, 유럽에서 수제종이 만드는데 사용하는 원칙적인 방법과 다르다는 것은 아니다.
남녀 작업자가 모두 지통에서 종이를 뜰 수 있는데, 여성들이 훨씬 더 잘 뜬다. 가장자리를 자르지 않은 상태로 23×64인치짜리 종이 뜨는 기술자 한사람이 하루에 500장을 뜰 수 있다. 비단천 위에 형성된 펄프 층은 식별할 수가 없을 정도로 너무 얇다. 다음 단계에서 얇은 막의 지층을 발에서 분리해낼 때는, 굉장히 숙련된 기술이 필요하다.
틀의 걸쇠를 풀어 뒤로 젖히고, 비단천을 깐 대나무 발(수)을 아랫틀(수게타)에서 들어 올려, 천 덮인 판위에 막 새로이 올라앉은 종이를 작업자의 등 뒤에 있는 탁자 위에 내려놓는다.(맨 첫 장을 발(수)에서 분리시키는 것은 조금 어렵지만, 몇 장을 더 바닥 기초의 지엽 위에, 옮겨 쌓아 놓은 다음부터의 작업 과정은 그다지 어려운 일은 아니다.) 이 바탕(시토)에 옮기는 작업은 이미 쌓아 놓은 종이(바탕) 위에 발(수)의 아랫부분을 길이 방향으로 맞추어 내려놓으면, 새로운 종이가 전체적으로 쌓여진 바탕(시토)에 밀착되는 효과가 있으므로, 바탕(시토) 위에 종이를 놓고 발을 뗄 때, 바탕(시토) 끝부분에서 발(수)을 천천히 굴리듯이 들어 올리면, 사각의 필름 같이 얇은 종이가 바탕(시토) 위에 남게 된다.

  종이를 옮기고 발을 떼어내는 과정은 [사진 38, 39]에서 확실히 볼 수 있다. 그 사진에는, 가는 2개의 나무봉이 발(수)을 놓는 안내 역할을 하여, 종이를 바탕 위에 정확히 똑바로 쌓아 올릴 수가 있게 해 주는 것을 볼 수 있다. [사진 38]에는 지통마다 포장할 때 쓰는 종이테잎을 걸어 놓는 것과 비슷한 고안품에, 가는 종이끈을 넣어 놓은 나무 봉들이 설치되어 있다. 아주 약하고 민감한 종류의 종이를 만들기 위해서는, 이 종이 끈을 발(수)의 끝에 연해 놓고, 작업자가 종이를 압착한 후 쉽게 분리할 수 있게 하고 있다. 이 방법은 유럽의 제지공정에서 사용하고 있는 펠트를 종이 사이에 끼우는 방법을 사용하지 않고, 각 종이를 다른 종이 위에, 펠트를 대신하여 종이끈을 놓고, 직접 쌓아 놓는다는 것을 이해하면 알 수 있는 것이다. 종이의 압착과 건조는 하루의 노동이 끝나면 200장 내지 500장을 쌓아올린 바탕(시토)이라는 것이 완성 된다.[19]

---

[19] '시토'라는 용어는, '종이'를 의미하는 '시'와 '지층' 또는 '층'의 의미를 갖는 '토'라는 말에서 유래한다. 따라서 습지를 겹쳐 쌓아 놓은 것은 보통 '시토'라고 부른다.

다음날, [사진 40] 처럼, 각각의 판위의 5~7의 바탕(시토)을 길고 곧은 지렛대 아래에 모아 놓고, 그 큰 지렛대의 끝에 무거운 돌을 올려놓고 압착한다. 압력은 주의 깊게 점차로 무거운 돌을 추가하면서 가해진다. 그렇지 않고 처음부터 무거운 압력을 가하면, 종이는 모두 붙어버린다.

압력의 정도와 지속 시간은 종이의 두께와 크기, 펄프와 싸이징재의 종류, 그 날의 기온에 따라 달라진다. 종이들이 요구하는 모든 다양성들에 따라 종이마다 처리하는 방법이 달라지므로, 압착에 대한 특정 규칙을 일괄적으로 적용하는 것은 불가능하다.

바탕(시토)을 충분히 압착한 후에, 각 지엽은 아직도 얼마간 습기를 머금고 있지만, [사진 41, 42]과 같이 바탕(시토)에서 떼어내어 건조판에 빗자루로 쓸면서 붙인다. 건조는 날씨에 좌우되지만, 우천 시를 제외하고 늘 바깥에서 말린다. 나는, 대기가 아주 춥고 대지가 눈으로 덮여있을 때도, 종이를 붙인 판들이 낮은 공장건물에 몇 줄이고 늘어 세워져 있는 것을 본 적이 있다. [사진 43]

[사진 44]에는 코치시 근처 일본지업회사의 공장 마당 야외에 상설로 금속성지주에 건조 판을 만들어 세운 모습이다.

종이산지 주변의 약간 높은 언덕에서 마을을 내려다보면, 어디든 각각에 3~4장의 종이를 붙인 다수의 건조 판을 볼 수 있으므로, 참으로 그림 같은 경치가 펼쳐져 있는 것을 볼 수

사진 38. 수 백 명의 작업자를 고용한 일본에 있는 큰 공장의 지통 집. 쓰이는 틀은 사진 16번, 17번과 같다.

사진 39. 우측의 사람은 종이를 뜨기 위해 틀을 지통에 담그려고 하고, 왼쪽의 사람은 뜬 종이를 쌓인 종이 위에 떼어 놓으려고 한다.

사진 40. 원초적인 압착기로 이런 것은 일본에 있는 큰 수제종이 공장에서도 사용한다. 압력은 돌을 올리고 내리는 것으로 조절한다.

있다.

　이것은 나에게 있어 그림 그리기에 로맨틱한 풍경이라고 생각 되어지지만, '에치젠의 후쿠이 다리'라고 이름 붙여진 호쿠사이 (1760~1849)가 그린 채색판화(우끼요에)에 건조판으로 보이는 것이 있다.

　그 판화는 유명한 다리시리즈의 하나로, 1827~1830년에 예이주도(영수당)에서 간행한 11장짜리 인쇄본에 있다. 그 판화 전경에는 나무다리 위에 많은 사람과 짐마차가 다니고, 배경에는 파란색과 붉은색 지붕의 작은 집들과, 대나무기둥에 받혀져서 각각 6장씩의 종이가 붙어있는 건조판이 여러 개 그려져 있었다.

사진 41. 압착 후에 약간 습기 있는 종이는 재빠르게 판 위에 펴고 햇볕에 말린다. 이 작업은 상당한 기술을 요한다.

사진 42. 종이를 건조판에 붙이는 작업은 때때로 공장 마당에서 이루어진다. 일본 사이타마현의 오가와-마치.

사진 43.일본에서는 기후가 춥고 마당에 눈이 덮였을 때 야외에서 종이를 말리는 것을 쉽게 볼 수 있다.

항상 회화 소재를 찾고 있는 일본 판화가들에게, 그들이 그리는 작품 소재로, 종이 만들기의 아름다운 풍경들을 끌어 들여 사용하지 않은 것은, 그들이 종이를 쓰고 있고, 아마도 너무 가까워 그림을 그리는 소재로서의 가능성을 인지하거나 평가하지 못한 것이라고 볼 때, 이것은 안타까운 일이라고 생각한다.

일본의 몇 공장에서, 건조시에 인공열을 사용하지만, 밖에서 판자위에 말리는 것이 보다 좋은 종이를 만든다는 것을 나는 믿고 있다.

인공건조는 증기로 가열되는데, 삼각형의 금속판이 땅과

사진 44. 모든 작업이 효율적으로 진행되는 일본의 큰 수제종이 공장의 건조장. 코치의 토사지역.

수평으로 옆으로 줄서있고, 그것에 습기를 머금은 종이를 빗자루로 붙인다. 건조기가 작동되면, 회전하면서 종이의 습기가 너무 빨리 증발하기 때문에, 건조기가 회전할 때마다 금속면에서 종이를 떼어내고 빗자루로 쓸어서 다시 붙이고를 계속하여 반복한다. 그 장치는 건조를 빨리하는데 도움이 되지만, 오래된 자연 건조에 의해 말린 종이가 보다 좋은 종이를 만드는 것이고, 빨리 작업하는 장치가 손으로 만드는 기술들에 도입이 되면, 항상 그 질은 희생되기 마련이다.

  종이를 건조판 또는 금속판에 붙이는데 사용하는 빗은, 주로 말털이나 식물섬유(볏짚 등)로 만든다. [사진 31]에서 볼 수 있듯이, 시게오 나카네씨가 나에게 준 비는 오카야마근처에서 구한 것으로, 외관상으로는 종려나무 잎 섬유로 만들어져 있다. 판위에 종이를 붙일 때, 찢지 않고 주름이 생기지 않게 펴는 빗질을 하는 데는, 상당한 민첩함과 기교가 필요한데, 이는 많은 연습을 거친 후에야 성공적으로 수행할 수 있는 것이다.

건조한 후 종이는 부드러움, 광택, 두께, 깨끗함, 기타 특징에 의해 급이 나뉜다. 그 분류 작업은 [사진 45, 46]에 보인다.

결점이 없는, 아름답고 두꺼운 종이는 지오토 시(상등지)라고 하고, 오점이 없는 아름답고 얇은 종이는 추오토 시(중등지)라고 하고, 질감은 좋지만 얼마간 결점이 있는 것은 카토 시(하등지)라고 한다. 하등지의 하위에 있는 종이는 '파지'의 라벨을 붙이고 판매한다.

종이를 세는데 일본사람은 다음과 같은 방법을 사용한다. 1조(첩)은 20매, 10조(첩)에 1소쿠(속), 10소쿠(속)에 1시메(체), 그리고 4~6시메(체)를 1마루(환)이라고 한다. 1조(첩) 또는 20매마다 표시를 하고, 종이 포장의 단위로는 1시메(체)를 일반적으로 쓰고 있다.

종이는 바닥위의 대에 한꺼번에 쌓아 올려놓고 특정의 치수로 자른다. 그 위에 원하는 치수의 종이 판을 놓고, 예리한 칼로 판 주위를 절단한다. 이 순서는 [사진 47]의 전경 오른쪽

사진 45. 건조 후 종이는 부드러움, 광택, 두께, 깨끗함과 다른 특성에 의해 등급이 나누어진다. 일본 시코우코 섬의 코치.

사진 46. 종이의 품질 검사를 엄격하게 하는 다른 큰 공장의 분류하는 방. 일본의 수제종이는 대부분 결함이 없다.

에 있고, 토사에서 사용되는 칼의 자세한 모양은 [사진 31]에 있다. 발송하는 종이의 짐꾸리기는 [사진 48]에 있고, 이것은 일본의 큰 공장에서 찍은 것이다.

　다음으로 아름답고 얇은 타입의 종이 제조에서 중요한 것은, 창이나 장지종이 만들기이다. 이 특수한 종이는, 동양에서만 사용되고 있다. 그것을 만드는 틀에 대해서는 제2장에 설명되어 있다. 창문용의 종이뜨기에 사용되는 지통은 상당히 크며, 공장 바닥에 돌이나 시멘트로 영구적으로 만드는 일도 있다. 치수는 길이 약8피트, 폭5피트, 깊이1.5피트, 밑은 바닥이다.

　[사진18]의 틀은 지통 바로 위의 천장에 매달려 있는데, 틀의 윗부분이 수면보다 조금 아래에 놓이도록 2개의 끈으로 매달려 있다. 끈 또는 철사줄은 틀의 끝부분이 중심에서 벗어난 같은 위치에 틀을 옆으로 비스듬하게 기울이기 쉽도록 묶여 있다.

　각 지통의 끝에는 틀을 조작하는 여자들이 앉아, 대나무 발(수)을 지통에 담그고, 그 위에 형성된 얇은 섬유층을 제외한, 여분의 지액을 지통에 버린다. 이 과정은 지엽이 적당한 두께의 층으로 쌓이기까지 반복된다. 이것이 나가시주키(흘림뜨기)로, 앞에 기술한 경첩이 달린 비단천으로 덮인 틀(수)로 얇은 종이를 뜨는 기법과 같다. 창호지가 다 성형되고 나면, 틀의 한쪽 끝을 지통 가장자리에 걸쳐 놓고, 틀의 다른 쪽 끝부분이 대나무 봉에 2줄로 매어 느슨해진 끈이, 지통 전후로 가로질러 틀이 걸려 있게 지탱한다. 두 명의 작업자가 닥의 지층과 함께 발(수)을 들어올려, 그것을 받기 위해 준비된 천이 덮인 대 위에 습지를 내려놓는다. 전에 설명했듯이, 첫 종이를 내려놓는 것은 상당히 어렵지만, 3~4장 겹쳐서 부드러운 토대가 생기고 나서부터는 그 작업을 하기가 쉬워진다. 창호지 뜨기는, 수출용으로 제조하는 지극히 얇은 종이를 만드는 것보다 정교함이나 정확성이 덜하다.

일본에는 수많은 종류의 수제종이가 생산되고 있는데, 각각에는 약간의 가벼운 차이가 있지만, 앞에 설명한, 가장 중요한 두 가지 타입의 틀에 의해서 일본제지의 기술적 분류는 모두 할 수 있다.

그 차이는 종이 뜨는 법에 의한 것이 아니고, 사용하는 펄프의 종류, 종이의 치수, 색과 무게, 그리고 대나무 발 무늬(laid)인지, 직조 무늬(wove)의 발(수)로 떠졌는지에 기인한 것이다.

시코쿠에 있는 토사의 종이 뜨는 마을에서의 나날은, 너무 빨리 지나가고, 공장에서 환대받으며 이 섬에서의 종이뜨기를 충분히 시찰할 수 있는 기회를 부여받았다. 토사를 떠나기 싫었지만, 이 섬 북단에 있는 카마후 제지공장을 방문해야하기 때문에 불가피하게 출발했다. 철도가 완성되지 않았기 때문에 우리들은 자동차로 어디에도 방호책이 없는 험한 산길

사진 47. 일본 코치에 있는 제지 공장의 포장실. 우측에 잇는 작업자는 사진 31번에 있는 칼을 사용하여 종이를 다듬고 있다.

사진 48. 일본의 한 큰 제지 공장에서 종이를 싸고 묶는 장면. 많은 동야의 제지 공장에서 모든 작업은 손으로 한다.

을 100여 마일이나 달리지 않으면 안 되었다. 산속에 좁고 바위가 많은 길이 구불구불하게 나 있었는데, 한쪽 편은 100피트 아래에 급류를 향해 절벽이 펼쳐지고 있었다. 자동차에서 길가까지 겨우 1피트정도 밖에 안 되는데, 거의 수직으로 깎여진 낭떠러지에, 손질하지 않은 산들에 둘러싸인 넓은 계곡, 노란색 꽃이 핀 웃자란 삼지닥나무, 닥나무, 상록수가 우거진 광경을 볼 수 있었다.

시코쿠의 풍경은 멋졌고, 자동차가 돌이 많은 골짜기로 추락할지도 모르는 공포가 항상 있었지만, 가는 도중에는 이방인이 그 공포를 잊고, 봄에 보이는 자연의 아름다움에만 빠질 수 있는 것들이 멀리에 많았다. 더 친근한 오두막, 가게 제지공장, 모두 길고 밝은 색으로 걸려 있는 깃발들. 길가에는 아름다운 옷차림의 예술가들이 모퉁이마다 행인들의 관심을 끄는 연기를 보이고 있었다. 이렇게 화려하게 색채감이 있는 풍경은 일본의 어디에도 없다. 이 곳이 수 백 년 전의 옛 일본 그대로의 모습으로, 단조롭고 로맨틱하지 않은 영향을 끼치는 서양의 흔적이 전혀 없는 곳이기 때문이다.

우리들은 천천히 달려가면서, 남녀, 어린아이, 개, 염소, 말 등에 의해 끌리는 여러 종류의 탈것들 옆을 지나갔다. 어느 것이나 생각할 수 있는 한의 원초적인 바퀴가 달린 탈 것들로, 그 위에는 큰 통나무, 닥이나 삼지닥피 가마니, 야채, 일용잡화류를 싣고 있었다. 가는 도중에 있는 어느 마을이나 모두들 작은 목조 가게 앞에서 작업들을 하고 있었는데, 종이우산을 만드는 남자, 원초적인 수동 분쇄기로 쌀을 찧고 있는 여자와 아이들, 거의 벌거벗고 있는 일꾼은 회색의 기와를 만들고, 농부는 제지용의 닥 껍질을 벗기고, 기묘한 도구를 가진 목수는 부드러운 흰 나무로 보관함을 만들고 있었는데, 그 향기가 감돌고 있었다. 노동자들은 어디서나 그들을 둘러싼 멋진 풍경이나 색다름, 매력을 알아채지 못 한 채, 산 공기에 흠뻑 취해서 나날의 일들을 하고 있다.

일본의 외딴 오염되지 않은 지역에서 체재한 후에만, 서양의 방문자는 기타 시게마사, 우타가와 토요쿠니, 기타가와 우타마로, 히로시게, 호쿠사이 등이 목판화(우께요에)로 묘사한 일본의 아름다운 풍경을 진실로 감상할 수 있다. 사람들은 어느 곳에서나, 위치를 약간 바꾸거나 건물이나 독특한 의상에 부드러운 색을 입히는 등으로, 오래된 판화의 구도 자체를 일상의 삶을 통해서 볼 수 있다. 논에 있는 농부, 길과 입구에서 언제나 각종의 일에 종사하는 장인 모든 곳이 그림이고, 노동자가 어디에서나 보이고, 사랑스런 시코쿠 섬에서는 한가할 틈이 없었다. 고치 섬 남단에서 북쪽 해안으로 가는, 가장 흥미롭고 위험한 여행은, 저녁에야 끝났다. 가와노에에서는, 가마후 공장의 히사마쓰씨를 만나고, 이 공장과 다른 공장을 시찰한 후, 다카마쓰 섬의 작은 부두에 도착했다. 내해를 즐겁게 여행하고 본토인 오카야마에 도착했다. 오사카(大板), 나라(奈良), 쿄토(京都), 나고야(名古屋)를 더 방문하고, 일본의 백여 수제종이 공장을 상세하게 시찰하는 수마일의 여행을 하고 동경으로 돌아왔다.

우리들은 각지의 제지산지에서 가능한 한 많은 공방을 시찰하도록 권유받았지만, 수많은 지통 한통만 가지고 여러 가지 훌륭한 종이를 만드는 가족기업을 다 방문한다는 것은 불가능한 일이었다.

수제종이 장인정신의 찬미자로, 일본의 종이뜨기를 보고 싶은데 동경에서 멀리 나갈 시간이 없다면, 사이타마현의 오가와 마치 마을을 방문하면 좋을 것이다. [사진 49] 이 가장 재미있는 종이 만드는 마을이, 수도에서 자동차로 2시간 거리에 있고, 이 곳에는 수많은 작은 공방들이 위치해 있으므로, 애지가들은 큰 만족을 얻을 수 있다. 동경 근방에 있는 제국제지공장도 또 아름다운 삼지닥 국지(벨름)를 만들고 있는 것을 볼 수 있으므로 흥미로운 곳이다. 지진에도 견딘 수많은 목조건축의 이 공장은, 물론 세계에서 가장 독특한 정부 시설이다. 일본에서 충분히 연구를 할 수 있었기 때문에, 나는 조선의 제지 공장을 보고 싶은 생각에 동경에 돌아온 후 곧바로 출발했다.

동경에 있을 때, 열렬한 장서가인 타카시마씨의 컬렉션 중에 오래된 조선종이의 아름다운 표본을 보기위해 초대받았다. 그는 몇 개의 표본을 골라 인심 좋게 나에게 선물해주었다. 그러나, 어느 것이 그 사람 또는 다른 사람에게 선물 받은 것인지, 지금 조선에서 만들어지고 있는 것인지를 구분하기는 어렵다. 또 일본에서는, 누구도 새롭게 취득한 나라(조선)의 기술을 조사하고 있지 않고, 정확한 정보도 없었다. 일본이나 중국의 수제종이와는 달리, 조선에서 만들어지는 종이는 얼마 안 되고, 조선사람들이 배타적으로 만든 종이를 다 자신들이 사용하고 수출을 거의 하지 않기 때문에, 조선에서 만든 종이는 미국과 유럽에 그다지 알려져 있지 않다.

사진 49. 동경 근처 사이타마 현의 오가와-마치에 있는 지통 하나만 있는 작은 제지공장의 외부. 그곳에는 100여개의 개별 제지공장들이 있다.

한국

 일본 제지공장 방문 시 함께 동행 했던 야마다씨는, 길고 지루한 여행을 할 시간을 낼 수가 없었으므로, 나는 조선의 종이뜨기를 보려고 정한 다음 단독으로 동경을 출발했다. 나는 종이를 뜨는 지역이 어디에 있는지에 관한 단초도 없이 잘 써진 소개장 하나를 받았다. 그러나 나는 조선과 같은 넓은 나라라도 수록공방이 있는 곳을 알아내리라고 확신하고 있었으므로, 정보가 없어도 불안을 느끼거나 열의가 약해지거나 하지는 않았다.

 동경에서 조선행 배를 타는 일본 끝에 있는 시모노세키까지 내가 이미 종이공장시찰 여행을 했던 지역들을 다시 지나, 하루 밤과 낮의 여행을 했다. 쓰시마해협의 거친바다를 건너, 다음 날 배는 조선의 부산에 입항했다. 나는 내가 도착하는 것을 전해 들은 일본 첩보부의 J. 나카무라씨를 만났다. 일본이 만주로 진출하려는 기운이 높아져있어, 이곳이 새로운 만주에 직통하는 루트이므로 소수의 외국인 방문자가 예의 바르게 심문 받고 있는 것을 보았다. 나카무라씨는 내가 조선에 체재하는 것은, 이 나라의 가미(종이)를 조사하기 위해서라고 전해 받고 있었다. 그리고 내가 오랜 세월동안 이 과제에 대해서 끈질기게 조사를 해왔고, 새롭거나 오래된 여러 가지 조선종이 표본을 모으기 위해 온 것도 알려 줬다. 나카무라씨는 의심이 많은 사람으로, 가미(종이)의 수집이 정말 나의 목적이라는 것을 믿을 수 없는 모양이었다. 그가 나를 제정신인지를 의심하는 것은 확실히 느낄 수 있었지만, 그러나 그는 일본인 본연의 정중한 말로 나의 여행을 계속하는 것을 허가하고, 목적 달성을 기원한다고 했다.

1개월 좀 지난 후에 다시 부산에 왔을 때, 나는 나카무라씨와의 재회를 즐겁게 생각했는데, 그는 먼저 나를 의심스럽게 대한 것을 장황하게 변명했다. 내가 처음 부산에 모습을 나타냈을 때 내가 조선의 가미(종이)를 조사한다는 것을 전해 들은 이 첩보관은, 가미에는 '종이'와 '머리카락' 이라는 의미가 있는데, 내가 이 나라의 고대와 현대의 모든 두발을 조사하기 위해서 왔다고 생각했다고 설명했다. 그는 여기저기에서 두발의 견본을 모아, 아름다운 조선 소녀들의 검은 직모를 땋은 것에 관한 책을 쓴다고 생각했다. 부산의 신문에서 조차 한 미국사람이 옛날과 현대의 조선인 두발 수집을 위해서 세계를 돌아다니는 도중이라는 기사를 싣고 있었다. 부산에서 처음 만났을 때, 예의바른 공무원이 나를 제정신인지 의심했다는 데에는 조금 놀랐지만, 재회해서 차를 같이 마시고 있을 때, 그가 가미라는 말의 의미를 혼동한 자신을 용서할 수 없었던 것 같았다.

일본어는 많은 의미를 가지고 있는데, 일본인 자신도 전술한 사건처럼 그 말을 바르게 해석하는 것이 어려워, 앞에 든 오해로까지 나타나기도 할 때가 있다.

조선에 도착하고 나서, 종이는 몇 몇의 고립된 지역에서 만들어지고 있다는 것을 확인했다. 하나는 경상남도의 부산에서 그다지 멀지 않은 곳, 또 하나는 [사진 50]에 있는 경상북도의 대구 근처, 그리고 또 하나는 [사진 51, 52] 군산이다.

이들 공방은, 내륙으로 그다지 멀리 여행하지 않아도 갈 수 있는 곳이었지만, 나는 조선중앙부의 경성과 개성사이에 있는 경기도 은평의 원시적인 종이 산지에 대하여 들었으므로, 특히 그 작은 마을을 방문하고 싶다고 생각했다. 그곳은 내가 듣기로는, 거의 모든 마을사람이 어떤 것이건 원시적인 종이 뜨기에 관련된 일에 종사하고 있었고, 가장 오래된 시대 것이 바뀌지 않고 그대로의 방법으로 종이 뜨는 기법이 남아있는 곳이다.

남부의 제지공방을 본 후, 나는 거의 나무가 없는 불모지지만 아름답고 매력이 있는 산이 많은 지역을 지나, 서울로 향했다. 공기는 일본보다 더 신선하고 기분이 좋았다. 일본인들조차도 조선의 기후가 그들 작은 섬의 것보다 더 건강에 좋다고 말하고들 있다. 마침 봄이어서, 길을 따라 조선의 농부들은 조선과 중국에서 천년 이상 전부터 사용되어오던 방식 그대로, 목제봉을 달아 소에게 끌게 하는 허술한 쟁기로, 그다지 비옥하다고 할 수 없는 토지를 갈고 있었다. 나는 항상, 마차의 창문으로 땅 위나 건조판으로 종이를 건조하는 것을 볼 수 있을지도 모른다, 또는 가는 도중에 다른 제지산지가 있을지도 모른다는 기대를 하고 바라보았으나, 대구를 떠나서 종이뜨기를 암시하는 것은 아무것도 없었다.

부산에서 서울로의 여행은, 언제나 낮고 초가지붕집이 밀집한 조용한 시골이나 마을이 있는 평온한 지역을 지나, 기차로 하루 종일 걸렸다. 성인남녀는 모두 완전히 흰 옷을 입고 있었는데, 밝은 노랑과 빨강 색의 어린이들의 옷차림은, 수수한 풍경에 색채를 부여하고 있었다. [사진 53] 여러 가지로 상상 하지 않아도, 조선이 '조용한 아침의 나라'라고 불리는 이유를 알 수가 있다. 왜냐하면, 큰 근대도시라고 말해지는 서울에서 조차도 어디나 조용하고 정적의 느낌이 있어, 그처럼 명칭이 정확히 지칭된 나라도 없을 것이다. 감성적이지 않은 서양인도, 조선을 방문하면, 늘 무의식적으로 조용한 우울함을 빚어내는, 어떤 피할 수 없는 분위기가 있어 어떤 슬픔을 맛본다.

여기에서는, 낡은 과거가 현대의 방식이나 풍습에 맞추기 위해 용감하게 시도를 해보지만, 그것은 어려운 일로, 서양에서의 방문객은 현대에 맞추려고 노력하는 조선과 같은 뒤처진 나라에서, 고대가 무슨 가치가 있는지 신기하게 생각한다.

천 년 전, 조선은 전성기였지만, 남쪽 섬(동남아)의 주민들이 문명의 진보에 대처하지 못하고 과거와 현대의 조화 밖에

사진 50. 한국 대구에서 긴 닥방망이로 닥을 치는 모습, 이곳에서는 수 백년 동안 수제종이를 만들어 왔다. 긴 닥 방망이가 일본 것과는 다르다.

사진 51. 한국의 가장 원초적인 종이 만들기 전경. 한국 종이가 결점이 없을 까 하는 점이 염려 된다. 한국의 남쪽 군산. (역자: 사진에서는 흐르는 개울가에서 사람들이 틀들을 씻고, 바로 옆의 지통에서 종이를 뜨고, 한쪽에서는 피 닥과 땔감이 쌓여 있고, 닥을 삶는 등 종이 만드는 거의 전 과정이 보인다.)

사진 52. 한국의 남부 지방에서 일본에서와 같이, 나무 건조판에서 종이를 말리고 있다. 이 방법은 중국에서 기원하여 한국이 일본에 전해준 것이다.(역자:'영양군 제지 전습소'라는 팻말이 보인다)

그들을 두고 있듯이, 오늘날 그들은 시대의 변화에 적응하지 못하고 당황하고 있는 것 같았다.

서울에 도착하자, 나의 은평 종이 마을 시찰을 포함해 종이 뜨기 영역에 관련된 여러 가지 일들 등, 조선에서의 체류 여정을 철저하게 준비하고 기획한 다카하시, 니시카와, 시니지마씨 등의 환대를 받았다.

은평에 가기위해 서울을 출발할 때 날씨는 전형적인 온화한 날씨로, 그다지 멀지는 않았지만, 거의 지나갈 수 없는 바윗길과 강과 개천 따라 난, 구불구불한 길이 봄비에 잠겨 약간의 고생이 있었다.

사진 53. 사계절 내내 온 나라가 슬픈 정적에 싸여져 있어, 왜 한국을 '조용한 아침의 나라'라고 하는지는 쉽게 인식할 수 있다.

 은평으로 이어지는 좁은 길은, 이전에는 중요한 도시인 서울을 둘러쌌지만, 오랫동안 무너지게 방치되어 황폐하게 남아 있는 성벽을 지나면. [사진 54, 55]의 산 초입에 있는 흰 큰 불상에 도착한 후, 긴 세월동안 손으로 종이를 떠 오고 있는 작은 초가지붕을 한, 나무가 없는 마을까지, 남은 거리를 걸었다. [사진 56]
 한국의 다른 종이 공방들을 보고 왔지만, 은평을 처음으로 보았을 때와 같은, 정말 그런 원초적인 환경을 가진 곳은 거의 없었다. 펄프를 고해하기 위해 둥근 돌이 돌아가고, 몇 개의 지통은 야외에 있고, 다른 지통들은 모두 시냇물 근처의 거친 초가지붕 밑에 놓여 있었다. 모두가 거친 솜씨로, 5세기나 10세기 이전의 그 곳에서나 볼 수 있을 법한, 독특하고 그림 같은 산업풍경을 보여 주었다.

　재활용지를 제외하고는, 조선에서 사용되는 유일한 제지원료는, 주민들이 '닥'이라고 부르는 닥나무 수피(제1장)이다. 완성된 종이는 조선에서만 소비되고 수출되지 않지만, 은평의 종이뜨기는 주 원료로 여러 종류의 폐지들을 사용하고 있었다. 은평에서 만들어지는 종이치수는 약 28.5×46.5인치로, 일본에서는 방바닥에 두꺼운 식물섬유의 매트(다다미)를 깔고 사용하는 것과 마찬가지로, 모두 방바닥을 붙이는 장판지로 사용한다.

　은평에서 손으로 만들어지는 종이는, 기계로 복제할 수 있지만, 이 오래된 토착기술이 현대의 제지 기계로 대체될는지는 의심스럽다. 조선 사람들은, 일본 또는 중국보다 훨씬 오래된 옛 풍습을 가지고 있는데, 그들이 직접 만든 것, 특히 방바닥에 까는 종이(장판지)를 기계종이로 대치시킨다고 설득하는 것은 어려운 일이다. 토박이가 만든 수제종이(장판지)는, 이 종이만을 전문으로 취급하는 도시의 일반 상점에서 팔리고 있고, 조선 전체에 걸쳐 산재해 있는 오지의 작은 마을에서도 살 수 있다.

　[사진 57]은 종이를 만드는 원료를 고해하기 위해, 최근까지 사용되고 있던 돌로 된 굴대의 하나를 보여 준다.

그 사진 중에, 소년이 둥근 홈통을 따라 둥근 돌을 움직이려고 하는 자세를 취하고 있는데, 인력이 이런 방법으로 사용된 것은 아니다. 옛날에는 소나 말로 펄프를 으깨는 동력으로 썼는데, 이 지역에는 소나 말을 먹일 풀이 충분히 없었기 때문에, 그들은 일본에서 홀렌더형 비터를 수입했다고 한다. 이 현대 설비는 새로 지어진 나무 그늘 막에 두고, 가솔린엔진으로 작동된다. 분명히 화려함과 시대에 뒤떨어진 혼란스러움이 공존한다. 가장 오래된 타입의 원시적인 기구와 진보와 효율의 최신 개념이 나란히 사용되고 있는 것이다.

종이를 뜨는 지통은 단순한 원목 박스로, 규격은 약 7 평방피트, 깊이가 28~30인치로, 지상에 통나무를 잘라 받침으로 두고 그 위에 놓여 있었다. 지통에 물을 넣고, 삽 모양의 큰 나무 막대를 사용해서 펄프를 넣는다. 고해된 펄프는 섬유덩어리가 물과 함께 균일한 농도가 될 때까지 대나무 막대로 거칠게 휘저어 준다. 그 다음 일본처럼 사이징재를 넣는데, 은평의 원지 뜨기에서 이 점제는, 일본에서 고도로 숙련된 장인이 진짜 좋은 종이를 만들 때 사용하고 있는 것처럼, 섬세한 기술적인 역할을 하는 것은 아니다. 일본과 같이, 닥풀(황촉규, Hibiscus manihot) 뿌리와 다른 젤라틴질의 식물을 조선에서는 싸이징재로 사용하고 있다. 내가 은평에 있을 때, 종이뜨는 장인들은 사이징용으로 접시꽃(Althaea rosea)의 뿌리를 사용하고 있었는데, 특정의 계절에 풍부하게 있는 특별한 식물이 사용되고 있었다. 조선의 사이징재는 전술한 바와 같이 일본과 같은 과정을 통해서 준비되지만, 그 기술은 덜 효율적이다.

[사진 58, 59]에서 볼 수 있듯이, 종이 뜰 때는 지통마다 두 사람이 틀의 긴 편을 잡고 뜬다.(조선 틀의 설명은 제2장 참조). 2개의 뜸틀 나무가 부착되고, 대나무 발로 덮인 틀을 펄프가 담긴 지통에 담가, 틀 위에 충분한 양의 섬유액을 떠 올린다. 체같이 생긴 대나무 발 사이로 물이 빠져 나가는 사이에, 섬유액이 틀에 펼쳐지도록 하고, 특정 목적에 적합한 두께가 될 때까지 반복해서 틀에 섬유액을 떠 올리는 동작을 계속한다 반복해서 뜨는 것을 가능하게 하는 것은, 이 식물성 사이징재 때문인데, 이는 고대 동양의 수제종이 뜨는 방법이 서양의 것과 구분되게 하는 점이다.

떠 올리는 것을 반복해서 지층이 적당한 두께가 되면, 2개의 뜸틀 막대기를 제거하고 틀에서 대나무 발을 떼어낸다.

펄프 층이 붙은 발은, 이미 형성되어 있는 바탕(시토) 위에 정면으로 맞대 놓고, 지엽을 떼기 쉽게 하기위해 매번 종이 끝에 짚을 끼워 넣는다. 작업자는 대나무 발의 뒷면에 나무 봉을 굴려 습지를 바탕(시토)에 밀착시키고, 대나무 발을 떼어서 다시 틀에 올려놓고 다음 종이뜨기를 준비한다.

이 과정은, 습지가 상당량 쌓일 때까지 반복하는데, 각각의 종이는 그 끝에 미리 끼워 놓은 짚에 의해서 다른 종이와 쉽

사진 54. 한국의 제지산지인 은평으로 가는 길에, 여행객은 한 때는 서울을 에워싸고 있던 옛성의 마지막 남은 부분을 지나간다.(역자: 지금은 사라진 탕춘대 능선을 성벽 그대로의 모습으로 보여준다. 종로구 세검정의 상명대학교 부근 현재 복원된 홍지문 좌우의 1933년 4월 초의 모습)

사진 55. 서울에서 은평으로 가기 위해서는 거친 바윗길을 넘고 산 끝자락에 있는 크고 하얀 부처상을 지난다.(역자: 보도각 백불(서울시 유형문화재 17호) .서울시 서대문구 홍은1동 8번지)

사진 56. 은평마을은 종이 만드는데 필요한 물을 공급해주는 실개천을 따라 위치해 있다. 땅바닥에는 말리려는 종이 들이 널려 있다.(역자: 세검정에 있는 조지서 터 근처로, 현재 세검정초등학교에서 구기터널까지이다. 개천은 2013년 현재 복개도로이다)

사진 57. 예전에는 닥 펄프를 고해(분해)하기 위해 둥근 돌로 된 연자매를 사용했다. 그러나 조랑말을 먹일 풀이 없어 이 방법은 더 이상 사용되지 않는다. 서울의 은평.(서울시 종로구 신영동 168-6 세검정 터 근처)

제3장 순례 : 한·중·일로의 종이 시간 여행

사진 58. 한국 틀들 중에 큰 틀을 종이를 뜨기 위해 지통에 담기기 위해서는 두 명의 작업자가 필요하다. 사진 15번에 보이는 것과 동일한 틀이다.

사진 59. 종이 더미 옆에 앉아 있는 소년은 종이 더미와 새로 떠지는 종이 사이의 끝부분에 볏짚을 놓는다. 이것이 종이가 서로 분리되기 쉽게 만든다.

게 분리 된다. [사진 59]에는, 바탕(시토)의 가장자리에 앉아 있는 소년이, 쌓아 놓은 종이의 가장자리에서 툭 튀어나온 짚을 놓는 모습을 볼 수 있고, 긴 나무 봉을 지통에 기대 세워 놓은 것도 보인다. 종이더미는 [사진 40]에 보이는 코치(高知)의 원시적인 압착법과 마찬가지로, 밤새 지랫대에 큰 돌을 걸어 무게를 더하는 방법으로 압착한다.

조선집의 방 바닥 붙이는데 쓰는 종이는, 틀로 한 번에 떠서 만든 종이보다 두꺼우므로, 몇 장을 겹쳐 붙여 두꺼운 종이로 만들어 쓴다. 은평에서는 무거운 쇠망치나 절구방망이를 큰 힘으로 들어 올렸다 내렸다 하는 방법으로 붙이는데, 사람이 종이를 잡고 이리저리 움직여서, 종이 면에 절구방망이가 골고루 맞도록 하여 한 장의 종이로 합지한다. 그리고 종이를 지면에 널어서 건조시키고 [사진 60], 마지막으로 [사진 61]처럼 마을로 운반한다. 집 방바닥을 바르는 무거운 장판지는 바르기 전에, 굉장히 질기고 튼튼하게 만들기 위하여 기름칠을 한다. 이는 조선 난방법을 고려할 때, 가장 실질적인 방 덮개이고, 완전히 실용적인 것이다.

조선의 모든 종이는 지금 설명한 것과 같은 방법으로 만들어지는데, 필기용이나 인쇄용 종이는 일본이 수제종이업자들이 하고 있는 것처럼 건조판에 말린다. 첨부한 조선지의 표본은, 조선 수제종이의 완성도는 물론 대나무 발 구성의 명백한 개념을 보여 준다.

사진 60. 은평에서는 종이를 건조하기 위해서 바닥에 널어놓는데 가장 원초적인 방법이다. 이 마을에서 만드는 종이는 장판지로 사용된다. (역자: 이곳에는 관청 종이를 만들던 조지서(造紙署)(세종 2년(1419)~고종 19년(1882))가 있던 곳이다. 1933년 당시 고지(재활용지)를 가지고 장판지만을 전문으로 뜨는 동네를 다드 헌터가 관찰하고 기술한 것으로 사료된다.)

사진 61. 한국 사람들은 모든 것을 옮길 때 등 위에 올려서 한다. 종이도 예외는 아니다. 이 소년은 무거운 종이 더미를 종이 산지로부터 수마일 떨어져 있는 시장으로 나른다.

이들 종이를 위한 유럽과 미국 시장이 있었을 것 같지 않고, 종이 만드는 사람들에게 있어서도 분명히 서양의 요구에 맞출 잇점이 없다. 조선의 종이는 대개 팔기 전에 접어지므로, 지역에서 사용하는 데는 지장이 없지만, 서양의 인쇄용으로는 전혀 맞지 않는다. 조선 보다, 은평의 종이뜨기는 굉장히 뒤처져있고 개발되지 않았다는 것은 간과할 수 없는 사실이고, 이 특별한 마을은 가장 원시적인 단계의 기술을 대표한다. 일반적인 기법의 본질은 정확하게 일본 것과 같지만, 두 나라로 부터 원래의 종이표본을 조사해서 기술적인 차이를 이해하는 것이 필요하다.

수제종이 및 관계된 기술들을 조사하면서 내가 경험한 것들 중에서, 가장 재미있는 하루를 서울기술학교에서 보냈다. 서울 근교에 있는 이 학교는 유럽식으로 설계된 목조건물에 있었는데, 교육과정으로 수제종이 뜨기 과목이 개설된 세계에서 단 하나뿐인 학교이다.

7세기에 조선인들은 제지술을 일본에 전해 주어, 조선 기법이 그 나라에 소개 되었다. 20세기인 지금 그 보답으로 일본인이 일본에서 사용되고 있는 보다 효율적인 과정을 가르치고 있다. 서울에 수제종이 만드는 과를 만든 것은, 조선 사람들이 거의 천년동안 종이만드는 기술에 진보가 거의 없었다는 것을 인지한 일본인들이, 산과 계곡에서 종이를 뜨는 조선 사람들이 더 나은 일본식 기술을 배우기를 희망하면서 만들

사진 62. 한국 사람들이 일본 제지법을 배우는 서울에 있는 종이 만드는 학교. 뒤에는 세노 선생, 타카하시, 헌터 그리고 야마무라이다.

사진 63. 한국의 산골에서 온 어린 소년들이 일본에서 사용되고 있는 방법으로 종이만드는 기술을 배우고 있다.

었다. 이 일은, 학교장 T.타마무라씨와 학교실험실장인 K.세노씨의 지도하에 진행된다. 다카하시씨와 함께 학교를 시찰하는 동안, 이 두 선생은 내가 관심을 가지는 것에 대하여, 여러 가지로 배려해 줘서, 교실에서 실습하는 종이뜨기 학급의 첫 사진을 찍었다.

[사진 62, 63]을 잘 보면, 틀과 작업방법은 순수한 일본 것이고, 원칙이 아닌 방법이 조선의 서툴고 시대에 뒤쳐진 것과는 다르다는 것을 알 수 있다. 학생은, 이전에는 각자 시골에서 옛날 방식으로 일하던 젊은 조선인이지만, 일본 장인들은 이 어린 젊은이가 보다 정교한 일본의 기법을 배워 조선의 구릉이나 산에서 종이를 만드는 옛 토착의 장인들에게 그들의 지식을 전파해 주길 바라고 있다. 현재 조선에서 가장 좋은 종이는 서울의 학교에서 만들어지고 있지만, 그 수제종이 뜨는 일본기법이 조선전역에 퍼지기에는 많은 시간이 필요할 것이다.

조선에서 일본인들은 경제적인 면에 있어서 상당한 성공을 거두었지만, 비록 옛 방법이 어느 정도 거칠고 기술적으로 새로 소개되는 과정보다 열등하다 하더라도, 순수 전통기법 또는 기술을 실행하는 특정 방법이 동요하는 것은 유감이다. 실제로, 조선인의 종이뜨기에 그다지 진보가 보이지 않으나, 옛부터 종이는 너무나도 개성적이고 매력적이고 분명한 어떤 별난 특성을 가지고 있다. 그러나 일본의 제지교육 사업이 완료되면, 이 환상적인 개성 있는 종이는 더 이상 존재하지 않게 되고, 일본의 종이도 조선의 종이도 다 똑같은 것이 될 것이다. 확실히 일본의 수제종이기법은 조선의 것보다 명백하게 뛰어나지만, 비록 그것이 경제적으로 적절한 수단이라 할지라도, 토착 기능을 표준화해버리는 것은, 나는 원통하게 생각한다. 나는 이 궁극적인 변화가 일어나기 전에 은평이나 그 밖에 조선의 종이산지를 볼 수 있었던 것을 기쁘게 생각한다.

중국

현재 중국의 수제종이에 대해서는 열광하기 어렵다. 과거에는 고대 중국에서 대부분의 뛰어난 종이가 만들어졌지만, 현재에는 막대한 수의 조그만 공방이 조업을 하고 있는데 대부분은 조악할 뿐 아니라 미적 질도 결여되어 있다. 수제종이는 뛰어난 기교가 없더라도 어떤 예술적 감각의 매력이 있는 것이다.

대부분의 일본 수제종이는, 기술의 완성과 유쾌한 예술적인 질을 겸비하고 있고, 조선의 종이는 높은 솜씨는 아니지만 확실히 구별되는 어떤 매력을 가지고 있다. 그러나 현재 중국의 수제종이의 대부분은 빼어난 솜씨를 결여하고 있을 뿐 아니라, 어느 정도 아름다움의 빌미도 없다. 이것은 특히 대나무를 원료로 해서 만들어지고 있기 때문인데, 이 특별한 종이의 대부분은, 질의 우수성과 예술성이 필요하지 않은 종교적, 실용적인 목적으로 만들어지기 때문이다. 종이는 중국에서 시작되어 1,800년 동안 끊이지 않고 많은 지방에서 만들어졌지만, 이 독특한 배경과 종이뜨기에 종사한 무수한 세대가 있었다고 해도, 현대 중국 종이는, 기대와는 많이 떨어져있다. 중국 수제종이 산업의 미래를 예언하는 것은 나의 영역이 아니지만, 이 나라의 오지에 있는 많은 공방은, 지방의 자체 소비를 위해 앞으로도 오랫동안 종이뜨기를 계속해 갈 것이다. 그러나 좀 더 접근하기 쉬운 곳에서는, 붓으로 쓰는 용도의 흡수성 있는 사이즈를 바르지 않은 닥종이를 포함해서, 많은 목적을 위해서 기계초지로 전환을 하는 경향이 있다.

이 수년간 젊은 기술자들이 복건성 복주에 기계초지공장을 세워, 부드러운 붓으로 쓸 수 있는 종이를 만들고 있다. 이 공장의 노동자는, 기교나 발명의 재주가 없는 것이 아니어서, 기계(장망초지기)의 단디롤에 수록용 틀의 대나무 발을 놓거나 해서, 본래 수록서사지의 질과 바람직한 특징을 모방한 것을 만들고 있고, 전형적인 중국수제종이 틀의 발눈이나 실눈을 모두 종이에 나타내고 있다. 붓글씨 쓰기에 맞는 유럽 종이는 없다. 따라서 중국에서 글씨 쓰는 사람들은 동양의 수제종이에서 그들 목적에 맞는 종이를 찾아야 한다.

이 책의 이 장에서 틀을 다루는데, 내가 이미 설명하고 예를 든 중국의 특별한 직조형 틀(wove) [사진 8], 그것은 종이를 발명한 채륜이 종이 발명할 때 사용하고, 처음 수년간 레양에서 실제로 사용한 것이라고 나는 추측하고 있다.이런 형태의 틀의 사용에 대해서 설명하는 것이 나의 소망이다. 그것은 분명히 동양 종이뜨기의 독특한 것으로, 내가 관찰한 바로는, 현재 중국의 몇 개 안되는 지방에서만 볼 수 있는데, 가장 쉽게 접근할 수 있는 지역이 광동성이다.전술한 바와 같이, 발견된 최초의 종이는 식물섬유를 이용해 발 무늬(laid) 틀로 만들어졌는데, 제작 시기는 실제로 제지가 발명되었을 때와 만리장성에서 출토된 고지에 의해 대표되는 시기 사이에 있으며, 종이 발명 후 40~50년 지난 뒤에 만들어졌다.

내가 주장하는 것은, 최초 종이를 만들 때, 직조 눈의 천 발(wove) 틀을 사용했고, 종이 발명 후에 발 눈형(laid) 틀은 나중에 개발 되었는데, 그 시기는 종이가 발명된 서기 105년부터 발견된 최초기의 종이가 만들어졌다고 추측되는 서기 150년 사이의 기간이라고 생각 한다.

이런 단순한 천 발 틀을 사용하여 그 위에서 직접 종이가 건조되게 두는 방법을 사용한 것은, 모든 중국제지에서 가장 흥미로운 측면이다.현재중국에서 보통 유연한 발 눈형(laid)의 틀을 사용 하는 것은, 조선에서 사용되고 있는 방법과 유사하기 때문에, 그 종이뜨기 기법에 대해서 자세히 설명할 필요는 없다.

종이 뜨는 틀을 다룬 장에서 약술한 바와 같이, 광동의 직조 눈(wove)형의 틀은 금박을 포장하는 종이나 용을 만드는 종이로 사용한다.

광동성 화찬[Fatshan, 佛山] 근처 제지공장은 원래 대나무나 그 섬유를 원료로 만들었던 폐지를 모아서 제지 원료로 사용하기 때문에, 계절에 관계없이 연중 조업하고 있다. 화찬 제지공장의 작은 건물은 대나무, 중국 전나무, 만든 벽돌, 기와로 조잡하게 지었다. 스스로 요리를 만들어 밖에서 구부린 채 궁핍한 음식을 먹고, 8~10명이 한 개의 작은 저장실에서

잠을 잔다. 작업할 수 없는 우천 시에는, 섬세하게 만들어져 꾸준한 관심이 필요한, 베란다에 쌓여 있는 수 백 개의 틀들을 보수한다.

화촨 제지공장에서는, 제지펄프를 준비할 때, 대나무 종이의 폐지를 땅속에 묻힌 커다란 항아리에 물과 함께 넣고, 그 덩어리가 부드러워질 때까지 맨발로 밟는다. 질긴 질의 수피지 폐지는 비교적 부드러운 대나무섬유의 경우보다 더 강하게 처리를 한다.

발로 밟은 후 펄프를 세척 망에 넣어, [사진 64]에 보이는 것처럼 세탁한다. 세탁된 펄프는, 어느 정도 물을 넣은 반원통형의 나무통에 넣고, 대나무펄프 양의 두 배로 수피지 폐지

사진 64. 펄프는 고해된 후에 자루에 담아 흐르는 물에서 세탁한다. 이 방법은 사진을 찍은 중국에서 사용되는 방법이다.

를 섞는다. 소량의 사이징재를 넣고 괭이모양의 나무도구를 섬유가 있는 액에 때때로 수직으로 넣어 섞어 준다.

이 처리만으로는 종이뜨기에 적합한 원료를 만들기에 충분하지 않지만, 두 종류의 펄프는 함께 섞인다.

용기의 양 쪽에 있는 사람이 대나무 지팡이로 펄프 덩어리를 치고, 백핸드 스트록을 써서, 서로 반대 방향으로 매번 지료액을 자른다. 섬유질을 치고 있는 동안, 때때로 괭이모양의 도구를 집어넣어 덩어리를 표면으로 올린다. 그 덩어리가 모두 섬유가 되었다고 할 수 있을 농도가 되면, 종이를 뜨기 위해 지통에 넣을 준비가 된 것이다. 화촨의 지통은, 내가 방문한 동양의 다른 제지 공장의 것과 다르다. 각 지통은 직경 약 24인치, 높이 18인치의 토기 항아리다. 그 지통 에는 무거운 테두리가 붙어있고, 끝부분이 지상에서 약 3피트가 되도록 받침대 위에 놓여 있다. 부드러워진 대나무와 수피가 섞인 펄프는, 큰 목제용기에서 일부 물이 채워진 토기항아리로 옮겨지고, 그 후에 다량의 사이징재가 넣어 진다.(이 사이징재는 후박나무에서 추출한 것으로, 제지원료의 장에서 설명했다.)

토기항아리 지통 안에서 물과 펄프와 사이징재가 충분히 혼합된 후에는 종이를 뜰 수 있게 된다. 사용할 준비로서 종이 틀(제2장의 광동의 wove 틀 참조)을 물에 담그고, 어느 정도 숫자의 것이 각각 담글 항아리 지통 왼쪽에 놓여진다. 이 점에서, 화촨의 제지법이 다른 동서양의 것과 다르다. 수제종이를 뜨는 다른 방법들은 틀을 섬유액에 담그지만, 광동의 방법은 펄프를 야자나무열매 그릇으로 떠서 틀 위에 붓는다.

　작업자가 왼손으로 틀의 끝을 잡고, 틀의 다른 끝은 항아리의 끝에 올리고, 오른손으로는 그릇을 가지고 펄프액을 떠서 틀의 거칠게 짜진 천위에 흐르게 붓는다. 펄프를 차례로 두 번 떠서, 천 위에 부은 후 틀을 들어 올려 섬유 액이 천(wove)의 전면에 퍼지도록 조금 흔든다. 그리고 나서 틀을 항아리 끝부분에 올려 놓고, 앞에서처럼 또 펄프를 두 번 떠서 틀에 이미 얇게 덮여 있는 그 위에 다시 붓고 틀 전체에 고루 펴지게 한다. 물은 틀의 직조망을 통해서 바닥으로 빠지고, 짜진 천 위에는 섬유 층만 남는다. 동양의 다른 수제종이 기법에서는 물을 지통에 버려서 귀중한 사이징재를 다시 사용할 수 있도록 하는데, 후박나무의 사이징재는 얼마 지나지 않아 점성을 잃고 섬유에서 분리된 후 재사용에는 별 도움이 되지 않는다.

　틀 위에 있는 얇은 젖은 종이가 구멍이 뚫려있거나 찢어졌을 때는 초지공이 손을 컵처럼 만들어서 지료를 떠 올려, 그 결함부분에 펄프를 부어서 수선한다. 초지공이 만족하는 종이가 될 때까지 때로는 2~3번 손으로 떠서 펄프를 붓는 경우도 있다. 지층이 젖어있을 때 짜깁기를 하면 지엽과 쉽게 결합되므로 완성에는 수선한 것을 거의 알아보지 못한다. 이 오래된 타입의 천발 틀을 사용한 종이뜨기는 한사람이 1시간에 약 125장을 뜨는데, 더 획기적인 속도를 고려하고 다양한 기법과 개인특유의 주의가 각각의 종이에 필요하다.

  틀 위에 펄프 층이 생기면, 벽에 기대 놓고 15~20분간 물을 뺀다. 새로 뜬 종이를 얹은 채로 틀을 건조장으로 옮겨 길게 2줄로 세워둔다. [사진 65]. 건조에 필요한 시간은 당연히 날씨에 따라 다르지만, 맑은 날은 약 30분, 흐린 날에는 1시간 반 혹은 그 이상이 걸린다. 종이가 마를 때 지엽이 천발에 밀착되어 있어, 대나무나 금속으로 만든 송곳형태의 도구를 사용해서 가장자리를 떼어 낸다. 수제종이 기술자는 틀들이 서있는 사이를 걸어 다니면서 상당히 능숙하고 재빠르게 종이를 찢지 않고 틀로부터 종이를 떼어낼 수 있다. [사진 66] 화찬에 있는 작은 제지공장에서는 약 2000개의 틀들이 있는데, 그 중 4분의 1이 실제로 사용되고, 날씨가 좋을 때는 8명이 4개의 지통을 사용하여 매일 거의 2000장의 종이를 뜬다. 화찬은 중국광동성의 천발 틀을 사용하는 유일의 산지는 아니지만, 화찬에서 행해지는 전 과정은, 2세기 초에 채륜이 첫 시도로 사용 했다고 내가 상상하고 있는 방법을 잘 모방하고 있는 것 같다.

  화찬에서 실행하고 있는 것 같은 작업의 원칙은, [사진 9, 10, 11]과 같은 등나무 틀로 종이를 뜨는데도 사용된다. 이 타입의 틀은 제2장에서도 묘사 했지만, 고대의 직조형(wove) 틀에도 보이므로, 그 기원이 아마 수 백 년 후는 아닐 것이다. 다른 타입의 틀을 가지고 실험한 관점에서 나는 현재 광동의 직조형('wove')틀은, 레이양에서 종이 만드는 시초에 사용된 원래 틀과 매우 닮았다고 확신한다. 그리고 그 위에서 종이를 뜨는 방법은, 채륜과 동시대인들이 사용한 것과 실제적으로 같은 것이다.

사진 65. 사용되고 있는 가장 오래된 형태의 제지 틀로 중국 남부 광동성 근처의 화찬[Fatshan, 佛山]에서 사용되고 있다. 사진 8번 것과 동일한 것이다.

사진 66. 햇볕에 널려 있는 각각의 틀에서 종이를 떼어내는 모습. 그런 다음 틀은 새로 종이를 뜨는데 사용된다.

제4장

일본 종이:
명칭, 원산지, 역사 및 용도

일본에서 편찬된 처음의 세 가지 책은 서기 8세기에 나왔고 이름은 코지키(古事記, 고대 사건의 기록), 니혼쇼기(日本書紀, 일본의 연대기) 그리고 만요슈(萬葉集, 일본 고대 가사 모음집)이다.

코지키와 니혼쇼기는 1000 B.C.부터 700 A.D.까지의 상징적인 사건과 구전을 기록한 것이다. 만요슈는 편찬 당시에 지어진 것은 물론, 먼 고대로부터 전해 내려오는 시와 노래들을 적고 있다. 코지키와 니혼기에는 옷과 포장지와 기타 목적들을 위해서 닥나무를 사용했다는 언급이 있다. 또한, 만요슈에는 이 닥나무를 이용하고 재배하는 것을 표현한 수 많은 시와 노래들이 있다. 따라서 이는 고대 일본에서는 닥나무를 잘 알고 있었고, 이를 이용했다는 것이 분명하다.

코지키와 니혼쇼기에는 수이코 여왕 18년에 한국 왕의 사절로 스님이 와서 '일본 궁정에 먹과 종이를 선물했다.'라는 기록이 있다. 이것은 여러 저술가들에 의해, '일본에 종이 만드는 기술의 도입 시기'로 해석되고 있다.

책에만 관련된 종이 관계를 연구하는 역사학자들은, 책이 이 나라에 소개 되었을 때가 종이 만드는 기술이 일본에 들어온 때라는 의견을 가지고 있다. 그러나 이 책들에 근거를 둔다면, 종이는 고대 일본에서 책 이외에도 다른 많은 목적으로 사용되었기 때문에, 종이의 도입과 책은 동시일 필요가 없다.

만요슈에 기록된 가장 오래된 시와 노래들은 선사 일본의 절과 신사의 종이와 카미에 대하여 정확하게 언급하고 있다. 6세기 전까지 종이가 오랫동안 서예용 이외의 목적으로 사용되었다는 것을 완전히 보여 줄 수 있다. 사실, 일본의 몇몇의 골동품 애호가들은 일본에서의 종이 사용이 일본의 시초 때부터라고까지 말한다. 코지키에 기록되어 있는 '일본 궁정에 먹과 종이를 선물했다.'라는 문구는 종이 만드는 법의 도입, 그 자체를 의미하지는 않는다. 아마도 코지키 그리고 나중의 니혼기가 정말로 의미하는 것은 '세이코 여왕 18년(세이코 여왕, 593~628 A.D.) 한국으로부터 온 스님이 '필기 목적의 종이'를 일본에 소개하였다.'이다.

  선사시대에 기원하는 일본의 시와 노래들이 카미 또는 종이를 자주 언급한다는 사실은, 아시아 대륙과 전혀 접촉하기 전에, 종이가 일본에서는 글씨 쓰는 목적이외의 다른 목적으로, 비록 종이가 수이코 여왕 시대 이전까지는 글씨 쓰는 목적으로 사용되지는 않았지만, 일본에 알려졌을 것이라고 믿게 한다. 수이코 여왕 시대 이전의 만요슈의 시와 노래들은 때때로, 비를 맞으면 옷이 상하거나 없어질 위험이 있다는 것에 대해서 언급하고 있다. 이것은 고대 일본인들이 입고 있었던 옷들이 아마도 닥나무로부터 얻은 거친 닥종이로 만들어져 있었다는 것을 의미한다는 것을 문법적으로 설명할 수 있다. 일본 언어에서 카미로 알려진 신과 종이는 모두 카미라고 부른다. 여러 역사학자들은 이렇게 된 이유를 공감하는데, 이는 일본의 주요 종교인 신토이즘에서 오랫동안 신의 상징으로 종이를 사용해 왔기 때문이다. 순수한 신토이즘에 있어 영상이나 우상은 없다. 그러나 순수 하얀 종이가 꾸준히 쓰여 왔다. 신이라는 이름으로 숭배 받는 것은 뭐라고 쓴 종이조각을 접어서 신사에 모셔 놓은 것이다. 독실한 신토주의자들에게는, 신사의 적당한 장소에 위탁된 깨끗한 흰 종이 조각이, 크리스도교들한테 있어서 십자가와 같이 신성시 된다.

그러므로 왜 신과 종이가 같은 단어로 표현되고 있는가 하는 것은 쉽게 이해할 수 가 있다. 신토이즘은, 1000 B.C. 이전부터 700 A.D. 사이 시기 즉 쓰는 기술이 소개 되거나 왕조가 형성되기 전 시기에, 그들의 엄숙한 의식에 글씨가 쓰여져 있지 않은 거친 종이를 가져다 사용했다. 일본 종이와 신토이즘이 공존해 왔다는 의견과, 외국의 영향 없이 일본 종이가 독자적으로 발생했다는 의견을 가지고 있는, 몇 몇 역사학자들은 선사 일본의 안개 자욱한 심연에서 찾아야만 한다고 주장한다. 카이바라에 보면, '카미'는 '카키 미루'의 축약어인데 그 뜻은 '쓰고 보다' 이다. 옛 일본의 명칭으로 닥나무를 '코조'라고 불렀는데 그 뜻은 '신의 옷'이라고 기술되어 있다.

일본 명칭의 기원에 대한 완전한 검토는, 가장 흥미 있고 일본 종이에 적용된 다양한 용어들에 대하여 중요한 조사를 할 수 있게 했다. 이 조사의 결과가 여기 놓여 있다. 이어지는 편집물이 그런 종류에 대해 서양언어로 된 최초의 시도이다. 숙련된 일본의 종이 장인들에 의해 생산된 수많은 종류의 종이 예찬자들과 사용자들에게, 이 목록이 유용하고 가치 있게 사용되었으면 하는 바램이다. 개별종이들의 일본 명칭은 로마자로 썼고, 가능하면 종이산지와 사용된 재료, 싸이징재, 사용처 등 뿐 만 아니라, 종이의 간단한 역사도 기록했다.

이 명칭들은 일본에서 사용되는 순수 일본 명칭으로 역사적인 함축이나 의미 없이 가끔 일본종이들에 적용되는 유럽과 미국의 상용명을 혼돈 시키지는 않을 것이다.

아이한시(合半紙)
소한 시(小半紙) (작고 좁은 한시)는 가끔 아이한시라고 불린다. 한시 참조.

아카 이로 카미(赤色紙)
나라(奈良)시대(710~794 A.D.) 기원의 붉은 색들인 종이. 이로 가미 참조.

아사푸(麻布)
우수 가마 일종. 일본에서 주로 쓰이는 종이로 야마가타현 생산. 떫은 것이 가끔 종이에 첨가 된다. 규격 약 9.6×19인치.

아사 가미(麻紙)
아사는 대마(삼)를 의미한다. 아사 가미는 고대 기록에 보이는 이름으로 일본에서 가장 오래된 종이 중의 하나이다. 서기 749~756년간에 대마로 만들어진 좋은 종이로 야마토(奈良)에 있는 호류지(法隆寺)와 도타이지(東大寺)에 보관되어 있다.
호류지에 있는 종이는 연녹색인 반면 도타이지에 있는 것은 시라 아사 가미(흰색)과 미도리 아사 가미(녹색)이다. 아사 가미는 그림 그릴 때 주로 쓰인다. 나라와 헤이안 시대에 아사 가미와 카치 가미는 그시대에 가장 인기 있는 종이였다.

아사쿠사 가미(淺草紙)
에도시대에 처음 만들어져 나온 수키 가에 시라고도 불린다.

아시모리 한시(足守半紙)
비추에서 생산되는 한시의 종류. 한시 참조.

아추 가미(厚紙)
시마네현의 이치카와에서 만든 닥나무를 이용하여 특히 무겁고 두꺼운 종이를 지칭.

아추 가미 루이(厚紙類)
두꺼운 종이 종류

아추 안피 시(厚雁皮紙)
안피 닥으로 기후에서 만든 두꺼운 종이. 규격 10.5×15.5인치.

아츄요(厚葉)
주로 안피 섬유로 만드는 토리노코를 부르는 오래된 이름

아추요 토리노코 가미(厚葉鳥子紙)
도쿠가와 시대부터 만들어 오던 중요하게 두꺼운 토리노코. 토리노코 참조.

아와지 한시(淡路半紙)
잘 알려진 한시 종류. 필기 인쇄용 등으로 쓰임. 시코우코섬의 토쿠시마현에서 생산. 규격 9.5×13인치.

아보바나 가미(靑花紙)
시가현 오미 산지에서 만드는 특별한 종이.

아보 이로 가미(靑色紙)
특별한 질의 파랗게 물든 종이. 이로 가미 참조.

아보 토사 시(靑土佐紙)
에도 시대 또는 도쿠가와 시대에 도쿠가와가 사용하던 종이로 특별한 정도의 관리 하에 만들어졌다. 현재는 오사카 현과 코치현

(高知縣)의 토사에서 만들어진다. 일본 가정집을 장식하는데 사용된다. 맞추마타라고도 불린다.

바라 이로 가미(薔薇色紙)
장미색의 특별한 종이. 이로 가미 참조.

보칸 시(防寒紙)
닥나무로 만든 가장 질긴 종이. 예전엔 군인들의 속옷을 만드는데 사용했다. 예전엔 많은 양의 이 종이가 러시아로 수출이 되었는데 그 곳에서 값싸지만 따뜻한 옷을 만드는데 사용되었다.

치쿠 시(竹紙)
1년 미만 자란 어린 대나무의 섬유로 만든 종이. 또한 타케 가미라고도 불린다. 문자적으로는 대나무 종이.

치리 가미(塵紙)
지방에서 사용되는 재생지. 주로 나고야의 토사와 미노에서 생산된다.

치리 센카(塵仙紙)
[표본 13] 참조.

치우요 가미(中葉紙)
중간 두께의 토리노코. 토리노코 참조.
추 시(中紙)
2등이나 중등지에 붙이는 이름

다이호쇼(大奉書)
호쇼의 기본 7종중의 하나. 호쇼 참조.

단시 또는 단 시(壇紙)
미치노쿠 가미 또는 마 우미 가미로도 알려졌다. 표면에 잔주름이 간 좀 더 두꺼운 종이. 중세에 많은 양의 종이가 중국으로부터 수입되었다. 옛 말로 겐지 모노가타리 또는 마쿠라 노 쇼시등으로 불렀다. 고대 일본에서 단시를 만드는데 사용되는 재료로는 이견이 있으나, 요즘은 닥나무나 안피 닥을 사용한다. 단시는 에치젠의 쿄토와 카와치 지역에서 생산된다. 규격은 약 18.5×24인치이다.

도로 이레 노 오지 다니(泥入りの祖父谷)
이주모의 오지 다니에서 처음 생산된 종이로 약간 무거우면서도 자연스러운 색조다. 이 종이는 삼지닥과 호시가미 산맥에서만 나는 호시가미 진흙을 조금 섞어서 만든다. 이 종이는 가끔 돌이나 자기로 문질러 광택을 내기도 한다.

에치젠 수기하라(越前杉原)
후쿠이현(福井縣)의 에치젠에서 생산되는 수기하라 종이에 붙여진 이름. 수기하라 참조.

후쿠이 토리노코(福井烏子)
후쿠이현에서 생산되는 토리노코 종이. 아름다운 직조천 문양을 가지고 있으며 서양에서는 에칭이나 목판화용으로 사용된다. 일본에서는 책 인쇄용으로 쓴다. 규격은 약 16×38인치이다.

후로야 가미(風呂屋紙)
에도 시대에 유행했던 금색이나 은색이 착색된 옛날 종이 명칭

안피 시(雁皮紙)
표본 15번 참조.

고 후쿠 가미(吳服紙)
산토메 시에 붙여진 이름. 제국 2233~2251년간에(1573~1591 A.D.) 처음 만들어진 종이.옷을 주로 포장하는데 사용했던 두꺼운 종이의 하나.

고후쿠 마키 가미(吳服卷紙)
두껍고 강한 실용적인 종이로 닥나무로 만든다. 고 후쿠 가미와 용도가 같다.

고시키 토리노코가미(五色烏子紙)
색동 물감들인 토리노코. 토리노코 참조.

고슈 토리노코(江州鳥子)
[표본 20].

고와(五把)
키주키 류의 종이. 토치기에서 생산되고 일본 국내용으로 쓰인다.

고젠히로(御前廣)
호쇼의 7가지 이름 중 하나. 도쿠가와 시대에 생산 됨. 호쇼 참조.

하쿠 우치 마니아이(箔打間似合)
마니아이 류로 효고현에서 생산되고 효고현의 진흙이 들어 있다. 규격은 약 15.5×21.5인치이다.

하쿠 보 시(白鳳紙)
낙타 털 솔 종이 라 불리는 종이의 하나. 코치현에서 생산되고 기모노 뽄을 뜰 때 사용된다. 시라쿠모가미와 관계된다. 규격은 약 27.5×55인치이다.

하나 가미(鼻紙)
하나는 코를 의미하므로, 하아 가미는 손수건이다. 부드러운 종이로 일본에서는 면이나 아마포 손수건으로 사용된다. 쇼한 시 참조.

한 키레(半切)
글자상 반 자름. 장부와 편지지로 널리 쓰인다.

한키리 가미(半切紙)
서기 1661년과 1672년 사이에 처음 만들어 졌다. 작게 사각형으로 잘라 메모지로 쓴다. 치쿠젠, 부젠, 분고 그리고히유에서 질 좋은 것이 생산된다.

한쿠사 안피 시(半草雁皮紙)
이 종이를 만드는 재료는 반은 안피이고 반은 다른 재료이므로 이름이 한쿠사 이다. 일본에서는 부채 만들 때 쓴다. 기후에서 만들고 규격은 약 15.5×21인치이다.

한시 또는 한 시(半紙)
잘 알려진 이종이의 기원은 서기 8세기까지 올라가고 닥 또는 삼지닥 쪼는 두 가지를 섞어서 만든다. 이 종이는 가볍고 광이 나고 투명하다. 한시라는 용어가 생산지명 보다 우선한다.

하리 누키(張貫)
일본의 걸죽한 종이 반죽. 이 언어는 '하리', '루'는 '뻗다', '펼치다' 이고, '누키', '쿠'는 '꺼내다'이다.

하야사 시타 가미(林下紙)
이것은 분명히 미노의 오래된 종이인데 일본에서 만든 것 중에 가장 오래된 것이다. 기원은 서기 15세기이고, 옛날 책과 절의 문서로만 존재한다.

히치쇼쿠 시(七色紙)
나나이로 가미로도 알려졌다. 이 종이는 현재 서기 1573년 까지, 코치의 토사에서 만든 것을 추적해 갈 수 있다. 이 종이는 일곱 가지 색으로 만들어졌다.

히 가미(斐紙)
가끔 토리노코 가미라고도 불린다. 히 가미는 기원을 나라시대까지 추적할 수 있는데, 나라와 그 이후의 책들에서 가끔씩 이름이 보인다. 저술자들은 히 가미를 카니히 식물로 만든다고 언급했다. 세이호 나곤은 그의 책 『마쿠라 노 쇼시』에서 이 식물에 대해서 자세하게 언급하고 있다. 이 식물은 키코 안피와 동일 식물이다. 히 카미는 서기 14세기에 토리노코라는 명칭으로 대체되었다.

히키아와세(引合)
단시의 하급지. 히키아니라고 불린다.

히코마(彦間)
키주키 부류이다. 토치기에서 만들고 일본에서는 기록용으로 쓰인다. 규격은 약 22.75×30인치이다.

히로시마 수기하라(廣島杉原)
수시하라 가미의 일종으로 히로시마현에서 생산된다. 수기하라 참조.

히로 토리노코 가미(廣烏子紙)
크고 '넓은'의 뜻인 '히로', 그러므로 크고 또는 넓은 토리노코 종이이다. 토리노코 참조.

호도무라(程村)
아주 가미 종류 중 천연색의 종이로 꽤 두껍다. 토치기현에서 만들고 규격은 약 13×19인치이다.

호넨 시(豊年紙)
닥과 볏짚을 섞어 만든 현대 종이.

호쇼(奉書)
이 종이는 기원이 무로마치 시대(서기 14세기)이다. 쇼군 치하에서 아쇼가와 시기 동안 에치젠에서 만들었고, 이 종이는 효쇼라고 불렸다. 이 시기 후 한 두 세대는 일본의 독재자인 노부나가 오다와 히데요시 토요토미에 의해 생산이 장려 되었다. 토쿠가와 시대에 에치젠에서 생산하는 호쇼 종이는 쇼군 정부에서 사용을 했다. 호쇼의 질감은 단시와 수기하라 시를 닮았으나, 단시보다는 주름이 없고, 수기하라 시 보다는 두꺼웠다. 호쇼는 주로 에치젠에서 생산되었지만, 탄고, 카가, 쿄토, 토사, 아키와 미노에서도 생산된다.

호소카와(細川)
일본에서 영구 기록용, 회계장부용으로 이는 종이이다. 무사시와 시나노 지역에서 닥을 사용하여 생산된다. 이 종이는 기주키 가미 종류이고, 규격은 약 12×16.5인치이다.

이치마이 하리 토리노코(一枚張り烏子)
아름다운 토리노코 종이는 후쿠이현에서 생산된다. 큰 종이로는 크기가 10×11 피트까지 만들어 진다 그러나 일반 크기는 약 38×74인치이다.

이치마이 시키 고쿠모센(一枚漉き五雲箋)
수키 이로 가미 종류이다. 고운으로도 알려져 있다. 이 종이는 전에 아타미 자치 공국에서 분세이 시기(1818~1830 A.D.) 동안에 소개되었다. 가볍고 섬세한 녹색으로 만들어졌고 지금은 책, 필기용 등으로 사용된다. 시주오카현에서 생산된다. 규격은 약 15×20.75인치이다.

이주모 수기하라(出雲杉原)
이즈모에서 생산되는 스기하라에서 이름이 나왔다. 수기하라 참조.

이나바 쇼인(因書幡院)
쇼인 종류. 토토리현에서 닥으로 만들고 기록용으로 사용된다. 규격은 약 11×15.5인치이다.

인슈 한시(因州半紙)
[표본 11] 참조.

인슈 미노(因州美濃)
[표본 23] 참조.

이로 가미(色紙)
시키 시라고도 불린다. 이로 가미 종이는 나라시대(710~794 A.D.)까지 기원이 올라간다. 이로 가미의 글자 그대로의 뜻은 색종이지만 이런 종류의 종이는 색종이가 아니다. 이로 가미는 그 자체의 종류이고 다른 색종이들과 혼동되지 않는다. 중세 시대에 이 종이는 장식용 뿐만 아니라 시나 짧은 문장을 쓰는데 사용되었다. 흰색과 검은색을 포함하여 30~40 가지의 이로 가미 색이 있었으나 지난 50년 사이에 이로 가미 색들은 표준화 되었다.

이로 호쇼(色奉書)
[표본 25] 참조.

이로 마니아이(色間似合)
마니아이 종류이다. 효고현에서 생산되고 이 현에서 나는 진흙이 첨가되어 있다. 침체된 색조로 규격은 약 15×38인치이다.

이로 토리노코(色鳥子)
[표본 34] 참조.

이타가미 또는 이타 메 가미(板紙, 板目紙)
무거운 종이로 쇼후 노리 또는 밀가루 풀을 써서 몇 장을 함께 붙여 만든 종이로 이 같은 방법으로 동양에서는 합지를 만든다. 주로 10~12장을 함께 붙여 일본의 이타 메 가미를 만든다.

이와쿠니 한시(巖國半紙)
한시 종류로 수오 지역에서 생산되고 좋은 종이로 분류된다.

이와미 한시(石見半紙)
닥으로 만든 이와미 한시로 만든 얇은 한시

이요 마사(伊了柾)
부드러운 종이로 전에 일본에서는 마른 식물을 싸는데 쓰였다.

지오 시 또는 지오토 시(上紙, 上等紙)
어떤 빼어난 일본 종이를 지칭하는 이름이다.

지오슈 한시(上州半紙)
한시 종류로 코주케에서 생산된다.

지레이 요시(辭令用紙)
아추 가미 종류이다. 후쿠이현에서 생산되고 일보에서는 공식 게시나 알림 좋은 봉투용으로 사용했다. 규격은 약 22.5× 31.5 인치이다.

지우몬지(十文紙)
아추 가미 또는 두꺼운 종이 종류이다. 토치기현에서 생산되고 전에는 시모주케와 미노에서 생산되었다. 일본에서 조화를 만드는데 사용된다. 규격은 약 15×22인치이다.

조카 한시(城下半紙)
한시 종류이다. 닥으로 만든 부드러운 종이로 필기용 내프킨과 손수건 용으로 쓰인다. 코치에서 생산되고 규격은 약 10×13 인치이다.

카베 가미(壁紙)

일반적으로 일본에서는 벽지로 불린다.

카부켄 시(株卷紙)
삼지닥으로 만들고 일본에서는 인쇄, 주식, 채권, 증서, 면허증, 외교용 등으로 사용한다. 질감이 좋고 특별히 질기다.

카치 가미(穀紙)
카치는 코조라고 불리는 수많은 일본의 옛 종이 중의 하나이다. 명품에 따르면 카미요 시대(일본의 선사시대)에는 '나무 비단'이라고 불렸고 닥으로 만들었다. 나라 시대에 만든 카치 가미는 아빅도 토타이지(東大寺)와 호류지(法隆寺)에 보관되어 있다. 나라시대부터 이종이 만드는 법은 변화하지 않았다. 카마쿠라 시대(서기 12~13세기)와 무로야치 시대(서기 14세기) 동안에 카치 가미 만드는 것이 대중화되어 제국의 여러 지역에서 다양한 이름으로 불리어졌다. 카치 가미는 가장 고대의 종이로 사실 몇몇 학자들은, 선사시대에 이 종교가 시작된 이래로 일본에서는 종이와 신토이즘이 함께 존재해 왔다고 조차 말하기도 한다.

카가 수기하라(加賀杉原)
수기하라 종류의 종이. 일본의 북부 중앙인 카와지역에서 생산되어서 유래된 이름이다.

카호 시(雅邦紙)
'낙타털 솔' 종이 종류이다. 후쿠이현에서 생산된다. 이 종이의 이름은 유명한 일본 예술가인 카호 하시모토에서 따왔고, 동양에서는 많은 화가들이 상요하고 있다. 큰 크기로 만들어지고 규격은 약 38×72.5인치이다.

카이다 시(皆田紙)
이나바에서황기 24세기에 만들어진 두꺼운 종이. 지금은 이나바, 히로시마, 아키, 나고야 등에서 만든다.

카이코 시(蠶紙)
닥섬유로 마든 두껍고 강한 종이로 실크산업을 위해서 특별히 만드는 종이이다. 이 특별한 종이는 늙은 나무로부터 얻은 닥으로 만드는데 이는 종이가 거칠고 불규칙적이어서 누에가 알을 낳기에 이상적인 표면을 제공하기 때문이다. 카이코라는 이름은 누에를 뜻한다.

카이료 미노(改良美濃)
[표본 14] 참조.

카마쿠라 시(鎌倉紙)
이 종이는 서기 13세기 카마쿠라 시대에 처음 만들어졌고 처음에는 미쿠다시 후미 가미로 알려졌다. 이것은 처음에 사무라이(쇼군시대의 군인 또는 기사)가 주로 썼다. 쇼군 정부가 쿄토로 이전하면서 미쿠다시 후미 가미가 카마쿠라 시로 알려지기 시작했다.

카미야 가미(紙屋紙)
야도 가미로도 불린다. 서기 9세기가 기원이고, 마쿠라 노 쇼시와 겐지모노카타리라고 명품에도 언급되어 있다. 중세시대에는 카미야 가미가 공식적 목적으로 사용되었고 그 아름다움으로 가치가 높았다.

카니히(かにひ)
안피의 고대 이름으로 키안피와 키코안피로도 또한 불린다.

칸지(板紙)
무겁고 거친표면에 천연색의 닥으로 만든 종이(코조). 기후현에서 만든다.

칸 시(紺紙)
토리노코 종류이다. 후쿠이현에서 만드는 검은 종이. 규격은 약 35.75×71.5인치이다.

칸 토사(紺土佐)
무라사키 토사라고도 불린다. 일본에서는 장식용으로 사용된다. 나라와 코치에서 생산되고 규격은 약 12.5×17.25인치이다.

카라 카미(唐紙)

이름이 의미하느 것처럼 중국종이이다. 주로 벽걸이를 장식하는데 중국으로부터 수입하거나 일본에서 만든다. 중국이 벽걸이와 벽지를 처음 만들었다.

카사 가미(傘紙)
이 종이는 고대로부터의 종이로 두껍고 강하다 그리고 기름칠을 하면 우산이나 비옷 만드는 용도로 쓰인다. 카사는 우산을 의미한다.

카타 가미(型紙)
현재 일본에 존재하는 가장 오래된 중국 종이로 6조시대부터 예술 종이로 알려졌다. 헤이안 시대의 중간부터 중국스타일의 종이가 일본에서 만들어지기 시작했다. 『산주록 닌 카슈』라는 제목의 책에 사용된 이 종이는 쿄토에 있는 니시혼간지 절에 보존되어 있다. 후지와라 시대 동안에 중국종이가 일본으로 수입되어 상업적 목적으로 그림과 캐릭터와 상징들이 장식되었다. 이 종이들은 일본에서 카타 가미로 알려졌다.

카토 시(下等紙)
저급 종이를 지칭하는 명칭

케이시(罫紙)
일본의 지배적인 종이에 부여된 명칭

키안피(黃雁皮)
안피섬유로 만들어지는 종이에 가끔 붙여지는 명칭

키 이로 가미(黃色紙)
노란 색종이. 이로 가미 참조.

키코안피(黃雁皮)
안피종이에 붙여진 현대적 이름. 키안피로도 불린다.

키 토리노코(黃鳥子)
[표본 35] 참조.

키요하나키(京花)
우수 가미(얇은 종이) 종류. 화장지 형태로 생산된다. 키요바나라고도 알려졌다. 후쿠오카현에서 생산되고 규격은 약 9.5× 12인치이다.

키즈키 호쇼(生漉奉書)
[표본 24] 참조.

키주키 이로모노(生漉色物)
[표본 32] 참조.

키주키 오 호쇼(生漉大奉書)
호쇼 종류. 부드러운 종이로 한 면은 부드럽고 다른 면은 약간 거칠다. 후쿠이현에서 닥으로 만든다. 일본에서는 책 인쇄에 사용한다. 키주키 나카 호쇼와 키주키 코 호쇼 종이는 키주키 오 호쇼와 관계되고 크기는 다양하다.

코기쿠(小鞠)
하나 가미 또는 콰이추 시 종류이다. 코키쿠라고도 불린다. 부드럽고 얇은 종이로 일본에서는 손수건과 네프킨으로 사용된다. 기후에서는 좀 더 작은 크기로 만든다.

코히로(小廣)
요시노 지역에서 만드는 종이로 수기하라 종이에 주어진 이름이다. 수기하라 참조.

코호쇼(小奉書)
코쿠가와 시대에 만들어진 호쇼의 주요 일곱 종류 중 하나. 호쇼 참조.

코 미노(小美濃)
코기쿠 시에 가끔 붙여지는 이름. 손수건 종이.

코나오시(小直)
미노 가미의 한 종류. 12세기부터 만들어졌다.

코 시(厚紙)
두꺼운 종이에 붙여진 이름

코수기 가미(小杉紙)
하나 가미 종류. 손수건, 내프킨 등에 사용. 에치젠, 시모주케, 카가와 토사에서 만든다.

코수기하라(小杉原)
하나 가미 종류이다. 코수기 바라라고도 씌여지는데, '하'라는 발음은 '바'와 상호 바뀌어 사용될 수 있다. 코치에서 작은 크기로 만들어지는데 일본 여자들이 주로 사용한다.

코타카 단시(小高檀紙)
단시 종류이다. 일본에서 책 표지, 포장용이나 예술용으로 사용된다. 주름진 다소 무거운 종이이다. 후쿠이현에서 생산되고 규격은 약 13.125×18.5 인치이다. 단시 참조.

코 타쿠 시(光澤紙)
[표본 2] 참조.

코하 수기하라 가미(强杉原紙)
명함이나 색인지 등을 만들 때 쓰이고 수기하라보다 좀 더 두껍다. 토사, 사추마에서 생산되고 닥으로 만든다. 수기하라 참조.

코야 가미(高野紙)
고대의 종이로, 코야 수도원의 의자로 유명한 코야에서 이름이 나왔다. 중세에 코야 가미는 현재보다 더 두꺼웠고 에도시대에는 질이 시련을 겪었다. 닥나무를 이용해 주로 쇼지를 만들었다. 이는 이동용 칸막이와 종이우산 그리고 일본의 가정 소모품을 만드는데 주로 쓰이는 종이이다.

코야 우다(高野宇陀)
[표본 33] 참조.

코조 가미(楮紙)
[표본 21, 22] 참조.

코조 코쿠지(楮局紙)
주로 삼지닥으로 만드는데 가끔은 닥으로는 만들어지는 종이이다. 정밀 인쇄, 드로잉, 전단지 표지, 그림에 사용된다. 미국에는 벨름으로 알려져 있다. 후쿠이현에서 만든다.

쿠모카미(雲紙)
우치쿠모리로도 알려져 있다. 쿠모가 '색이 도포된'을 뜻하므로 대리석 무늬 종이의 하나이다. 쿠모카미 종이는 일본의 초기인 후지와라시대부터 시와 노래를 적는 용도로 사용되어 왔다. 후쿠이현에서 생산되고 규격은 약 16.75×21.5 인치이다.

쿠모 토리노코 가미(雲鳥子紙)
토리노코 중, 좋은 종이 종류이고, 이름이 의미하듯이 얼룩덜룩한 종이이다.

쿠로 이로 가미(黑色紙)
문자 그대로는 '검은색 종이'이지만, 이는 색종이가 아니고 분명히 구별되는 종이이다.

쿠스리부쿠로(藥袋)
야쿠타이 시 참조. 이 종이는 약을 포장하는데 사용했다. 안피 닥을 사용하여, 굉장히 다양한 색상으로 만들어진다. 토사에서 생산한다.

쿠주 시(國栖紙)
동양에서는 예전에 인쇄용으로 사용되었다. 야마토, 히고와 히유가 지역에서 만들어진다.

콰이다(皆田)
아추 가미(코 시) 종류이다. 가끔 카이다로도 불린다. 토또리에서 만들고 기록용으로 일본 전역에서 사용된다. 규격은 약 11.5×16.5 인치이다.

콰이로 쇼인(改良書院)
쇼인 종류이다. 주로 닥으로 만든다. 기록용이다. 코치에서 생산되고 규격은 약 11×15.5 인치이다.

쿄쿠시(局紙)
[표본 18] 참조.

쿄쿠시 로루나시(ロルなし局紙)
위의 종이와 같으나, 단 종이를 부드럽게 하는 것이 입혀지지 않은 종이이다. 회화, 스케치 등에 사용되고, 표면이 거칠어 분필, 목탄과 연필용으로 적당하다.

쿄쿠시 수카시(局紙透かし)
스카시라는 단어는 비침무늬를 가지고 있다는 것을 의미한다. 쿄쿠시는 가끔 복잡한 디자인의 아름다운 비침무늬가 있다.
일본인들은 세계 어느 곳에도 없는 고도의 기술과 예술성이 가미된 비침무늬 작품을 만들지만 거의 수출하지는 않는다. 비침무늬의 유럽방식은 동양의 섬유에 찬사 그 자체를 부여한다.

쿄쿠시 수카시(局紙透かし)
[표본 6] 참조.
마니아이(間似合)
표본 26번 참조.

마 시(麻紙)
붓으로 쓸 때 쓰이는 현대 종이이다. 큰 크기로 후쿠이현에서 생산된다. 규격은 약 38×72.5 인치이다.

마쯔야마 한시(松山半紙)
이요에서 생산된 한시. 한시 참조.

마쯔자키(松崎)
키주키 가미 종류. 기록용으로 사용되고, 나고야에서 생산되며, 규격은 약 12.5×17 인치이다.

마 우미 가미(眞弓紙)
단시의 다른 이름.

미치노코(陸奧)
단시의 옛날 이름. 고전인 '만엽집'에 언급되어 있다. 단시 참조.

미도리 이로 가미(綠色紙)
녹색의 이로 가미. 이로 가미 참조.

미쿠다시 후미 가미(御下文紙)
서기 13세기 카마쿠라 시기에 이 종이에 부여된 이름이다. 사무라이 (쇼군시대의 기사 또는 군인)들이 사용했다. 정부가 쿄토로 이전할 때 미쿠다시 후미 가미가 지금 사용되는 카마쿠라 시로 바뀌었다.

미나토 가미(湊紙)
고대 종이로 기원이 서기 10세기까지 올라간다. 검정과 회색으로 만들어 찻집에서 사용된다. 산지인 미나토에서 이름이 나왔다. dpT 이름은 시키 가에시 가미였고, 가끔은 야도 가미로도 불렀다. 효고에서 생산되며, 규격은 약 15×37 인치이다.

미네노유키(사주키 한키레)(嶺の雪, 紗漉半切)
한키레 종류이다. 필기용 책용 등으로 사용된다. 코치현에서 만들고, 좁고 긴 형태이고, 규격은 약 7.34×24 인치이다.

미노 가미(美濃紙)
이 좋은 종이는 수세기 동안 미노에서 생산되어왔다. 미노 가미는 황력1850~1858(1190~1198 A.D.)에 오타에 의해서 처음 불려졌다. 토쿠가와 시대에 미노 가미는 정부에서 공식용으로 사용되었다. 가장 좋은 미노 가미는 우수요 가미와 너무 유사해서, 이 두 가지를 놓고 정확히 구분하는 것은 어렵다. 미노 가미는 닥으로 만들고 종류가 다양하다.

미노 쇼인(美濃書院)
쇼인 종류이다. 쇼지와 필기용으로 사용된다. 기푸현의 미노에서 생산되고, 규격은 약 11×16 인치이다.

미노 수기하라(美濃杉原)
미노지역에서 생산되는 수기하라 가미 종류이다. 수기하라 종이는 만드는 지역과 목적에 따라 질감과 크기가 다양해진다. 그러나 그들 모두는 독특한 특성들을 가지고 있다. 수기하라 참조.

미수 시(美栖紙)
우수 가미(얇은 종이) 종류이다. 쇼한 시라고도 불린다. 나라에서 생산되고 일본에서만 사용된다. 규격은 약 9.5×13 인치이다.

미야모토 시(宮本紙)
시나노에서 안피로 생산되는 배우 얇은 종이이다.

미조구치 가미(溝口紙)
옛 기록에 의하면, 이 종이는 서기 1595년에 불교 스님인 니치겐 쇼닌이 만들었다고 한다. 맑은 물과 닥나무로 유명하고 이 종이를 만든, 치코쿠 지역의 미조구치 마을에서 이름을 따왔다고 한다. 이 종이는 원산지에 한정되지 않고 히고, 히젠과 치쿠젠에서 만든다.

미주타마(水玉)
아보 토사 종이라고도 한다. 다섯 가지 색으로 만들어지고 일본에서는 내부 장식용으로 사용된다. 미추타마는 분자 그대로 물방울을 뜻한다.

미추타마 토리노코(水玉鳥子)
[표본 29] 참조.

모미가미 고시키(아사기)(揉紙五色)(淺葱)
[표본 30] 참조.

모미가미 고시키(아카)(揉紙五色)(赤)
[표본 31] 참조.

모모 이로 가미(桃色紙)
복숭아 음영의 이로 가미. 이로 가미 참조.

몬 쇼인(紋書院)
모요 쇼인으로도 알려졌다. 모요는 디자인을 의미하며 종이 전체에 걸쳐 비침무늬가 있다. 서양에서 광범위하게 사용되고, 동양에서는 고급 쇼지와 등용으로 사용된다. 기후에서 생산되고, 규격은 약 11.25 ×15.5 인치이다.

모리시타(森下)
키주키 가비 종류. 일본에서 우산 만드는데 쓰이는 꽤 두꺼운 종이이다. 기후현에서 만들고 규격은 약 13.5×18 인치이다.

모요호쇼(模樣奉書)
도쿠가와 시대에 만들어진 7종류의 호쇼 중에 하나이다.

무기 가미(麥紙)
'무기'는 '보리' 또는 '밀'을 뜻하는 것이므로 (보릿)대로 만든 종이이다.

무기시보(麥縮)
단시 종류이다. 종이의 한 면에 얼룩달룩한 벼짚 닮은 무늬가 펼쳐져 있어, 이름이유추되지 않았나 한다. 후쿠이현에서 만들고 규격은 약 15.5×37인치이다.

무라사키 이로 가미(紫色紙)
보라색의 이로 가미이다. 이로 가미 참조.

무라사키 토사(紫土佐)
칸 토사라고도 불린다. 나라와 코치에서 생산되는 보라색 종이로 상품 진열과 매장 종이로 사용된다. 칸 토사 참조.

나다 시(名田紙)
두꺼운 종이로 와카사에서 만든다.

나가 가미(長紙)
요시노 가미 종류 중의 하나이다. 요시노 가미 참조

나카나오시(中直)
미노 가미의 여러 종류 중 하나.

나카타카 단시(中高檀紙)
중간 크기의 단시에 붙여진 이름

나나이로 가미(七色紙)

시치쇼쿠 시로도 불린다. 기원은 서기 1573년까지 올라간다. 토사와 코치에서 현재는 일곱 가지 색으로 만든다.

나라 가미(奈良紙)
야마토 지역의 나라에서 이름을 땄다. 중세의 작가들은 이 종이를 얇고 조밀하게 주름이 진 것이라고 기술하고 있다.

네주미 후토 시(鼠封筒紙)
명치 초기까지는 이 종이가 봉투로 사용되었는데, 더 이상 생산하지 않는다. '네주미'는 '쥐'를 뜻하므로 이 종이의 색은 설치류 같이 회색이다. 이 종이는 원래 도쿄현에서 처음 만들었다.

니부 호쇼(純奉書)
잘 알려진 호쇼 종류이다. 애도 기간에 사용하는 회색의 종이이다. 후쿠이현에서 만들고, 규격은 약 15.5×20.25 인치이다.

니마이시키 고쿠모센(二枚漉き五雲箋)
수키 이로 가미 종류이다. 빨강, 파랑, 회색, 녹차색, 흰색등 여러 색으로 만들어진다. 시주오카현에서 생산되고, 규격은 약 15×20.25 인치이다.

니시지마 시(西島紙)
이 종이는 처음에 카이 지역의 니시지마에 있는 모치 주키에 의해서 만들어졌다. 유명한 단시와 굉장히 비슷하다.

니시노우치 가미(西の內紙)
우수 가미(얇은 종이) 종류이다. 일본에서는 쇼지와 기록용 등으로 쓰였다. 이름은 히타치 지역게 있는 니시노우치에서 기인했다. 규격은 약 12 ×19 인치이다.

노리 이레(糊入れ)
나오지로 하이바라까 쓴 '쇼교쿠시쇼'에 의하면, 노리 우레는 호쇼 종류이고 코치에서 만든다. 또 미치타로 와타나베가 쓴 '와시 루이'에는 노리 이레라는 이름은 수기하라 종류에 주어진 이름인데, 이 종이를 닥나무와 쌀가루로 만든 노리 또는 싸이징재로 만들었기 때문이다.

오하라 시(大原紙)
거친 종이로 지역에서 포장용으로 사용된다. 시나노 지역에서 생산된다.

오가타 시(大方紙)
요네자와에서 만든 두꺼운 종이.

오히로(大廣)
토쿠가와 시대에 만들어진 일곱 종류의 옛 종이 중의 하나로 쇼군 정부에서 사용했다.

오히로 호쇼(大廣奉書)
[표본 5] 참조.

오 호쇼(大奉書)
결혼, 탄생 등 기념식에 쓰는 종이. 후쿠이현에서 생산되고, 규격은 약 15.5×20.75 인치이다.

오미 토리노코(近江鳥子)
토리노코 종류이다. 고대에는 아추요라고 불렸다. 오미가 의미하듯이, 그것은 처음에 종교적 의식에서 사용되었다. 시가에서 만들고, 규격은 약 16×21 인치이다.

오나오시(大直)
많은 미노 가미 중의 하나.

오노시(大紙)
쇼인 종류. 옛날에는 이 종이가 키료쿠요 오 미네로 불렸으나, 요즘은 때때로 오나오시로 불린다. 필기, 인쇄용 등으로 쓰인다. 기후에서 만들고, 규격은 약 12×18 인치이다.

오 수 시(大州半紙)
한시 종류로 투사와 필기용으로 쓰인다. 에치젠에서 생산되고, 규격은 약 11.25×15.5 인치이다.

오타카 단시(大高檀紙)
[표본 1] 참조.

오 타키 시(大瀧紙)
오타키 사당을 기념하기 위해서 붙여진 이름으로 회화와 그림에 사용된다. 후쿠이현에서 만들고, 규격은 약 38×7.5 인치이다.

라쿠수이 시(樂水紙)
약간 무겁고, 해초나 다른 색 있는 것들로 치장된 종이이다. 처음 명치시대에는 에는 예도가와, 코이시가와 쿠, 토쿄에서 만들었다. 규격은 약 36×72 인치이다.

사지카와 한키레(佐治川半切)
한키레 종류이다. 다금로 만드는데, 평이하거나 해초 또는 이끼를 넣어 만들기도 한다. 동양에서는 책만들 때 쓰고 토또리에서 생산한다. 규격은 약 7.5×24 인치이다.

산토메 시(機留紙)
아추 가미 또는 두꺼운 조이 종류이다. 고=후쿠 가미로도 가끔 불린다. 서기 1573~1591년에 처음 만들어졌다. 지금은 서류 봉투로 쓰인다. 규격은 약 15.5×18 인치이다.

산준 히로 마니아이(三寸間似合)
진흙을 포함한 평이한 종이. 효고현에서 만들고, 규격은 약 15.5×40 인치이다.

샤시키 쇼인.(紗漉書院)
쇼인 종류. 기록용으로 사용. 코치에서 생산되고, 규격은 약 11×15.5 인치이다.

사소쿠(左束)
한시 종류. 시주오카에서 생산되고 쇼지로 사용된다. 규격은 약 10.75×14.25 인치이다.

세키슈 한시(石州半紙)
자연스러운 색의 한시. 시마네현에서 생산되고 동양에서는 회화와 그림용으로 사용된다. 규격은 약 10×14 인치이다.

센콰 시(泉貨紙)

아추 가미 종류의 두꺼운 종이. 황기 2233~2251(서기1573~1591) 년간에 이요에서 처음 만들어졌다. 순수 닥으로 만들고, 지금은 토사, 이요, 야마토, 빙고 등에서 만든다.

세트 코 센(雪貢箋)
매우 부드럽게 마감된 종이로 일본에서는 봉투나 용기를 만드는데 쓴다. 토쿄현에서 만들고, 규격은 약 22.5×41.33 인치이다.

샤수키 텐구초(텐구조)(紗漉典具帖)
장섬유 닥으로 만든 얇은 종이로 일본에서는 거름종이 내프킨 포장지 등으로 사용한다. 키후에서 만든다.

시부 가미(澁紙紙)
갈색 색조의 이 종이는 까마득한 옛날에 만들어졌다. 일본에서는 시부로 알려진 감물이 들여진 종이이다. 안피와 볏짚이 알려지기 전이라, 이 종이는 닥나무와 삼지닥으로만 만들어졌다. 누에 알 낳는데 쓰이는 종이이다.

시치 쿠순(七九寸)
손수건으로 쓰인다. 옛날에는 약간 두꺼운 노베 가미가 비슷한 질로 쓰였다. 코치에서는 작은 크기인, 8×11 인치로 만든다.

시다이 시(次第紙)
아추 가미(두꺼운 종류) 종류이다. 우산과 기록용 종이로 쓴다. 야마토와 키이이에서 만든다.

시가라미 가미(柵紙)
[표본 16, 17] 참조.
시마마키 시(島包紙)
산토메 시를 닮았고 비슷하게 쓰인다.

신구 시(神宮紙)
이노(코치)에 있는 시카지 나카다에 의해 만들어진 매우 크고 무거운 종이로 메이지 신사를 위해 만들어졌다. 순수한 코조*닥) 으로 만들었다. 규격은 약 107×107 인치이다.

시로 이로 가미(白色紙)
아무런 색이 없는 이로 가미이다.

쇼한 시(小半紙)
한시의 여러 크기 중, 한 종류에 붙여지는 이름으로, 작고 좁은 한시이다. 수보, 아키 그리고 세쮸에서 만든다.

쇼인 시(書院紙)
미노 종이의 한 종류로 삼지닥이나 닥으로 만든다. 닥으로 만든 것이 가장 좋은 쇼인 시이다. 매우 강하고 질감이 좋다. 일본에서는 중요한 정부 문서나 법률을 기록할 때 쓴다. 작가 겐타 요시이가 말하길, 기록용 종이로는 능가할 자가 없다라고 했다. 후쿠이, 기후 그리고 코치에서 만든다. 모두 쇼인 종류이고 규격은 약 11×15.5 인치 또는 일본 치수로 93×132부 이다.

쇼지 시(障子紙)
[표본 4] 참조.

쇼칸요 토리노코(書間用烏子)
일본에서 책의 제목 표지로 쓰이고, 후쿠이에서 생산한다.

쇼 미노 시(小美濃紙)
코지쿠 시의 다른 이름. 미노, 미카와 그리고 카가에서 만든다.

슈젠지 가미(修善寺紙)
가벼운 갈색조의 종이로 300년 전에 만들어졌다고는 하나 정확하지는 않다. 에도 시대에 토쿠가와 정권에 의해서 광범위하게 사용 되었다. 이주지역의 슈젠지에서 생산한다.

수기하라 호쇼(杉原奉書)
호쇼 종류이다. 카마쿠라 시대에 병사 계급에서 주로 사용되었다. 지금은 필사와 인쇄용으로 쓴다. 코치에서 만들고, 규격은 약 15×20.5 인치이다.

수기하라 시(杉原紙)
황력1879(서기1219)년에 발간된 책 『호조 쿠다이 키』에 의하면, 수기하라 시의 이름은 히리마 지역의 수기하라 마을에서 따 왔다고 기록되어 있다. 그러나 다른 학자들은 이 이름은 미노지역의 수기하라 마을에서 따 왔다고도 한다. 옛날에 수기하라 시는 불교와 시토이즘 신사에서 중요한 역할을 했다. 현대는 수기하라 시가 많은 곳에서 만들어지고 다양성도 늘어나고 있다. 아래의 수기하라 종이 종류들은 히리마에서 생산된다. 오히로, 오모노, 오나다, 오다니, 히치부 쿠세, 나카다니, 아라다니 그리고 시소. 히로시마와 토사 지역에서는 다음 종류가 생산된다. 오수기와 나가수기. 요시로 지역은 코히로. 그들의 원산지 이름을 가지고 있는 수기하라 시의 종류는 다음과 같다. 카가 수기하라, 탕고 수기하라, 미노 수기하라, 에치젠 수기하라, 히로시마 수기하라 그리고 이주모 수기하라. 수기하라 종이는 생산지에 따라 크기와 질감이 다르지만 그만의 공통된 어떤 특성을 가지고 있다. 이 조이들은 닥으로 만들고 싸이징재는 쌀가루를 쓴다. 싸이징재 때문에 수기하라 종이는 가끔 '노리 이레'로도 불린다.

수이 하(すいは)
무로마치 시대에 수기하라 시는 수이 하로 불렸고, 시골 아낙들은 수이라고 불렀다.

수키 가에 시(漉返し)
에도 시대에 처음 나왔다. 아사쿠사 가미로도 불린다. 주로 폐지로 만든다.

수키 코미 노 카미(漉込みの紙)
발(laid)형 틀로 만든 종이를 지칭한다.

수키모요시(漉模樣紙)
일본에서 책 만들 때 색깔 있는 표지로 광범위하게 쓴다. 후쿠이현 생산.

수미 나가레 토리노코(墨流れ鳥子)
장식된 토리노코. 수미 나가레는 '흐르는 잉크'를 뜻한다.

수미 나가시(墨流し)
색이 얼룩덜룩하여 예술용으로 쓰인다. 이 종이는 다양한 인형들에서 흐르는 선이 잘 덮여 있다. 후쿠이현에서 책에 맞는

16.75×21.5 인치로 만들고 있다.

수미레 쿠모(すみれ雲)
토리노코 종류. 명치 시대에 처음으로 만들었다. 이름이 의미하는 것처럼, 회색 바탕에 보라색으로 장식된 종이이다. 또한, 분홍, 파랑 그리고 흰색의 점으로도 만든다. 서양에서 수입하여 실내장식과 책 표지용으로 쓴다. 후쿠이현에서 만들고, 규격은 약 19.5×23.25 인치이다.

수루가 한키레(駿河半切)
명치 초기에 이 종이의 사용이 활발해져서, 나중에 토코의 에도가와 에서 에도가와 한키레를 한동안 만들어서, 이도가와 한키레로 불렸었다. 그러나 현재는 원산지인 시주오카에서만 만든다. 규격은 약 7.5×20.25 인치이다.

수루가 한시(駿河半紙)
중세 수루가 독재시에 이 종이가 대량으로 생산되었다. 후세에는 표백되어 카이료 한시라는 이름으로 생산되었다. 에도시대에는 수루가 한시를 삼지닥으로 만들었으나 현재는 생산되지 않고 있다.

수사키 한시(須崎半紙)
기록과 쇼지용으로 사용되었다. 코지에서 생산되고, 규격은 약 9.25×14 인치이다.

수 쇼인(薄書院)
표백한 닥으로 만들고, 동양에서는 기록용으로 쓰인다. 기후현에서 생산한다. 규격은 약 11×15.5 인치이다.

수주키 한키레(교쿠센)(簀漉半切)(玉牋)
한키레 종류. 일본에서는 책용으로 쓴다. 코지에서 생산되고, 규격은 약 7×20.25 인치이다.

수주키 한키레(하쿠교쿠센)(簀漉半切)(白玉牋)
한키레 종류. 일본에서는 책용으로 쓴다. 코지에서 생산되고, 규격은 약 7.75×24 인치이다.

수주키 텐구초(簀漉典具帖)
대나무 펄프가 약간 가미된 닥으로 만든다. 필터용지, 포장지, 네프킨 등으로 쓰인다. 기후현에서 만든다.

타이 한시(大半紙)
한시 종류로, 크거나 넓은 종류를 지칭한다.

타이쇼 미쭈타마(大正水玉)
토리노코 종류. 이름이 의미하듯이 물방울로 얼룩진 종이이다. 타이쇼 시대에 처음 만들어졌다. 후쿠이현에서 만들고, 규격은 약 21.5×31 인치이다.

타케 가미(竹紙)
치쿠 시로도 불린다. 이름이 의미하듯이 대나무로 만든 종이이다.

타케나가(丈長)
호쇼 종류이다. 다양한 용도로 쓰인다. 에치젠 산. 일본에서는 책용으로 쓴다. 코지에서 생산되고, 규격은 약 20.25×30 인치이다. 미치타로 와타나베가 지은 '와시 루이'에 의하면, 일본 여인들이, 여러 가지 색으로 물들인 종이로 가끔은 금색이나 은색으로도 물들인 것으로 리본을 만들어 사용한다. 또한 저자는 이종이가 탕고, 미노, 토사 그리고 히유가에서 생산한다고 언금했다.

타마쿠모(玉雲)
토비쿠모로도 불린다. 토리노코 종류이다. 후지와라 시대에 만들어 졌으며 시나 노래를 쓰는데 사용했다. 타마쿠모는 글자 그대로는 공이나 구름을 뜻하므로, 색깔 공으로 점이 박혀 있다. 후쿠이현에서 생산되고, 규격은 약 16.75×21.5 인치이다.

탕고 수기하라(丹後杉原)
탕고에서 생산된 수기하라에 붙여진 이름.

탄자쿠(短冊)
얇은 종이 또는 얇은 것으로 일본에서 시나 짧은 경구 등을 쓸 때 사용 된다.

텐구초(典具帖)
우수 가미 또는 얇은 종이 종류. 겐타 요시이가 명치 31년(서기 1898년)에 쓴 것에 의하면, 일본에서 보통 종이로 알려진 것은 닥으로만 만든 텐구초였다. 이것이 부드러워서 치과의사나 의사들이 흡수성의 솜 대신 썼다. 주로 유럽과 미국에 수출 되었다. 기후에서 만들고, 규격은 약 11×16 인치이다.

테추 이로 토리노코(鐵色鳥子)
쿠로카네 토리노코라고도 불린다. 토리노코 종류이다. 일본에서만 쓰이는 어두운 색조의 색종이이다. 후쿠이현에서 만들고, 규격은 약 15×36 인치이다.

토비쿠모(飛雲)
타마쿠모와 같다.

토리노코(鳥子)
[표본 19] 참조.

토사 한시(土佐半紙)
코치현의 토사에서 생산되는 한시에 붙이는 이름

토사 카라카미(土佐唐紙)
머리빗 종이로 불린다. 코치현에서 만들고, 규격은 약 28.5×56 인치이다.

토사 쇼인(土佐書院)
[표본 8, 10] 참조.

토요 가미(東洋紙)
통 가미는 부드럽고, 강하고 그리고 비교적 두껍다. 중요한 법조문 인쇄, 봉투, 값비싼 책 등을 만들 때 쓰인다. 진짜 토요 가미는 삼지닥만 사용한다.

우치이구모리(內曇)
넓은 의미로 토리노코 종류의 하나.

우치쿠모리(內曇)
쿠모카미라고 불리고, 토리노코 종류이다. 기후에서 만들고, 규격은 약 16.75×21.5 인치이다.

우치쿠모 토리노코(打曇烏子)
토리노코 종류. 우치쿠모는 구름낀을 뜻하므로, 종이가 점박여 있거나 얼룩덜룩하다.

우치야마 시(內山紙)
넓은 한지를 이르는 말이다.

우치야마 쇼인(內山書院)
쇼인 종류. 일본에서는 기록용과 쇼지용으로 사용된다. 나가노현에서 만든다. 다른 쇼인 종류의 종이처럼, 규격은 약 11×15.5 인치이다. 우다(宇陀) 키주키 가미 종류이다. 일본에서 주로 쓰이는 종이이다. 나라현에서 만들고, 규격은 약 12.5×18.5 인치이다.

운카시(雲華紙)
[표본 27] 참조.

운류시(雲龍紙)
[표본 28] 참조.

우루시 코시 가미(漆漉紙)
요시노 가미 종류. 부드럽고 얇은 종이로 손수건으로 사용된다. 요시노 종이는 다른 종이들과 같지 않게, 물에서 쉽게 풀어지지 않고 상당한 양의 물을 함유하고 있다.

우수 안피 시(薄雁皮紙)
안피 닥으로 만든 얇은 종이. 안피 시 우수이로도 불린다. 기후에서 만들고, 규격은 약 10.75×15.5 인치이다.

우수 미노(薄美濃)
주로 투사를 위해 쓰이는 등 인쇄와 관련되어서 쓰인다. 기후에서 만들고, 규격은 약 10.34×15.5 인치이다.

우수 토리노코(薄烏子)
가병누 토리노코로, 후쿠이현에서 만들고, 규격은 약 38×74 인치이다.

우수요 토리노코 가미(薄樣烏子紙)
얇은 토리노코. 헤이안시대(724~1185A.D.) 후반에 일본에서 일기 쓰는 것이 유행했는데, 그 때 이 종이로 일기를 썼다. 토쿠가와(에도)시대(1603~1867 A.D.)에는 이 얇은 종이에 기름을 발라 유시라고 했다. 중세 국가가 혼란스러울 때, 우수요는 그의 강도와 높은 질로 병사들의 주의와 관심을 받아 매우 유행했다. 이 얇은 종이에 써진 내용은 운반인에게 비밀로하기에 편리했다.

우추시 가미(寫紙)
복사지. 기후와 코치현에서 만든다.

우와 센카(宇和泉貨)
[표본 7] 참조.

와가추마(我妻)
한시 종류. 카이료 한시 그리고 고사이 카이료 한시라고 불린다. 일본에서 기록용 등으로 쓰인다. 커치에서 만들고, 규격은 약 9.5×13 인치이다.

와카미도리 콰이료 쇼인(若綠改良書院)
쇼인 종류. 필기와 투사용으로 쓰인다. 코치에서 만들고, 규격은 약 11×15.75 인치이다.

와라 가미(藁紙)
와라 가미의 이름이 의미하듯이, 쌀이나 밀의 지프라기로 만든다. 서기 9세기 와라 가미에 대한 기록이 있다.

와 토 시(和唐紙)
황력 2461~2464(서기 1801~1804)년에 미토에서 처음 만들어졌다. 삼지닥으로 만들고 중국종이와 유사하다.

야도 가미(宿紙)
카미야 가미의 다른 이름. 미나토 가미가 가끔 야도 가미란 이름으로 사용된다.

야기리 가미(楡皮紙)
이 종이는 느릅나무 껍질로 만든다. 기록에 의하면, 9세기에 이 종이의 인기가, 아사 가미와 카치 가미와 동격이라고 기록 되어 있다.

야쿠타이 시(藥袋紙)
[표본 36] 참조.

야마시로 한시(山代半紙)
나가토 지역에서 생산되는 한시 종류.

야나기가와 한시(柳川半紙)
에치고 지역에서 생산되는 한시의 종류.

야나기 호쇼 한키레(柳奉書半切)
한키레 종류. 한 때 일본에서 유행했던 종이. 토또리현에서 만들고, 규격은 약 7.5×24 인치이다.

야니 이리 쇼인(脂入書院)
쇼인 종류. 부드럽고 흰 종이로 필기와 인쇄에 사용. 코치에서 만들고, 규격은 약 11×15.5 인치이다.

야와라카 가미(和紙)
요시노 가미의 여러 종류 중 하나.

요고치리(よご塵)
키주키 가미 종류. 카와치리라고도 불린다. 거친 종이로 대충 빻은 닥과 완전히 분해 안 된 닥, 나뭇가지 등이 들어 있는 것으로 만든다. 한 때 동양에서는 봉투, 포장지 등으로 인기가 있었다. 사이타마현에서 만들고, 규격은 약 12×16.5 인치이다.

요 과 칸바수(洋畵CANVAS)

[표본 3] 참조.

요시노 가미(吉野紙)
이 이름은 요시노 지역에서 따 왔다. 몇 종류가 있는데, 모든 목록은 다음과 같다. 야와라카 가미, 나가 가미, 와라 가미와 우루시 코시 가미.

요시노 야와라(吉野和良)
우수 가미(얇은 종이) 종류. 나라에서 만들고, 규격은 약 9.5×19인치이다.

유 시(油紙)
토쿠가와 시대에 우수요 토리노코 종이에 기름을 발라 유 시라고 불렸다.

주 비키 시(圖引紙)
주 히키 가미로도 불린다. 얇고 좀 더 딱딱한 표면을 가진 종이로 예술가와 사진가들에 의해 사용되었다. 코치에서 만들고, 규격은 약 22×31.5인치이다.

준안피 우수요(純雁皮薄葉)
[표본 12] 참조.

다드 헌터가 1933년 봄에 직접 찍은
서울시 종로구 탕춘대성 사진(홍지문이 없다)

역자가 2013년 봄 다드 헌터의 앵글로 찍은
서울시 종로구 탕춘대성 사진(현재 복원된 홍지문)

다드 헌터가 1933년 봄에 직접 찍은
서울시 서대문구 홍은동의 보도각 백불 사진

역자가 2013년 봄 다드 헌터의 앵글로 찍은
서울시 서대문구 홍은동의 보도각 백불 사진

제5장

참고문헌 일람표

(종이 관련 책 목록, 총 51권)

* 동양의 종이 또는 종이 만들기 관련 저술들의 목록은 수년에 걸쳐 수집된 것으로 아무런 편향된 의도 없이 완성 되었다. 공개되거나 개인적인 방법을 모두 동원하여 여러 동양의 도서관이나 편집자의 장서에서 조사된 중요한 책이나 인쇄물들이다. 일본 목록들이 많은 이유는 종이 만들기에 관한 중국책들이 거의 없었기 때문이다. 일본에서 편찬된 대부분의 것들은 명치 시대(1867~1912)와 그 이후부터의 것으로 최근 것은 아니다. 모든 동양의 책 제목들은 글자 그대로 번역했다.

아사 시 코(麻紙考)
삼으로 만든 종이

치코고 미조구치 시 노 레키시 가이요(築後溝口紙の槪要)
치쿠고현의 미조구치 종이 역사의 개설

조센 노 세이시 시세키(朝鮮の制紙史史跡)
한국의 종이 만드는 역사적인 지역

에치젠 노 세이시교(越前地方の制紙)
에치젠 지역의 종이 만들기

에치젠 산 시(越前産紙)
에치젠 지역 종이 만들기

에치젠 세이쇼 노 유이쇼 오요비 엔카쿠(越前制紙の由緖及沿革)
에치젠 지역의 종이 기원과 종이만들기 역사의 개요

가이코 이추지 니 아라와레타 요히시 토 토리노코 (外國逸事にあらわれた羊皮紙と鳥子)
외교적 사건을 대표하는 양피지와 토리노코 종이

간피시 코(雁皮紙考)
얇은 볏짚 종이

기후켄 산교 시(岐阜縣産業誌)
기후현의 종이만드는 역사

하쿠시추 와시 레진사이주 시코 시켄 세이세키 (薄質和紙レジンサイズ施工試驗成績)
얇은 일본종이에 로진 싸이즈 실험 결과

하나시 노 큐우세키 학켄(和井紙の舊蹟發見)
하나이 종이의 옛터 발굴

홍호 쿄시 노 코쇼 오요비 인요쇼(本朝古紙の古稱及ひ引用書)
준거된 책들과 우리나라의 옛 종이의 비교 연구

효시 야, 카미수키 카라카미 시(表紙屋,紙漉き,唐紙史)
장정가, 종이 장인, 종이 판 제작자. 여러시대의 전통에 통찰력을 준 이런 기술의 문학

직켄 슈세추 미추마타 사이바이 호(實驗集說三椏栽培法)
삼지닥 재배법, 실험 모음

카가쿠 오효 니혼 세이시 심포(化學應用日本製紙新法)
일본 종이 만들 때 새로 사용된 화학적 기법

카이료 미추마타 바이요 직켄 로쿠(改良三椏培養實驗錄)
삼지닥의 개선된 재배법 기록

카미(紙)
종이 만들기, 종이 만드는 식물, 여러나라의 고대와 현대 종이 만들기 비교 등, 채색 그림 예시.

카미 후(紙譜)
여러 나라에서 만든 종이의 규격과 명칭들 목록

카미 후(누키카키 쇼쇼)(紙譜)(拔書 少少)
위의 제목에서 발췌

카미 노 레키시(紙の歷史)
종이 역사

카미로 호조키(紙の方丈記)
종이에 관한 논문 예시

카미수키 초호 키(紙漉重寶記)
종이 공예관련 일본에서 가장 오래된 책. 초판은 135년 전 오사카에서 발행되었다. 저자는 지효에 쿠니히가시 또는 지효에 코쿠토라 불리는 이와미에 사는 종이 상인이다. 그림은 세추 메이쇼와 잘 알려진 탄바(모두 18세기)가 그렸다. 저자의 조상은 지효에 쿠니히가시로 또는 코쿠토로 분고 공국 와사다의 주민이었다. 도쿠가와 시대에 이와미 지역의 미노 군으로 이사 와서 지효에 쿠니히가시가 태어났다. 출생일은 정확하지 않으나, 다른 사람들은 호에이 시대(104~1711 A.D.) 초기에 태어났다고 믿고 있으나, 겐로쿠 시대(1688~1704 A.D.) 후반에 태어났다고 쓰여 있다. 지효에 쿠니히가시는 이와미의 농업 발전을 위해 헌신했다. 그의 작업이 지역 통치자의 눈에 들어 그의 지도하에 젊은 사람들이 논을 개간하고, 새로운 작물을 심고, 숲을 다시 심고, 종이 만드는 것을 지시 했다. 그래서 흔히 부르는 세키슈 한시 또는 이와미 한시는 쿠니히가시가 개발한 것에 기인한다. '카미수키 초호 키'의 초판은 콴세이 시대(1789~1801 A.D.)로 도쿠가와 왕조의 11대 쇼군 시대에 상응하는 시기에 발간되었다. 쿠니히가시가 죽었을 때, 이와미 지역 야수다 마을 근처에 그의 무덤이 있다는 것은 알려지지 않았다. 타이쇼 13년 9월에 종이 상인들이, 일본 종이만들기 역사에 있어 유명한 기억을 위하여 그의 기념비를 세웠다. 오사카에 있는 호리코시 씨에 의해 일본에서 영인본이 발간 되었고, 또한 이 오래된 논문이 독일에서도 재 발간되었다.

칸시 코(漢紙考)
중국 종이

코 게이(工藝)
예술과 공예 전문의 일본 잡지. 코는 공예, 게이는 예술을 뜻한다. 쇼와 8년 4월 15일 발행된 '코 게이' 잡지는 일본 수제종이 산업을 다루었다. 그곳에는 수많은 종이 표본과 일본 종이 만들기 관련 논문들이 다음과 같은 사람들에 의해 게재 되었다. 카주 나카무라, 무네요시 야가이, 분쇼 주가쿠, 나오카추 나카무라, T. 이와이, 토라지로 나이토 박사, 일본 공예와 중국 종이에 중요한 공헌이다.

코코시 코(穀紙考)
곡식 종이

코시 텐란 토 엔넨 시후(古紙展覽と遠年紙譜)
고지에 관한 예시와 기록

코시 자추단(古紙雜談)
고지에 관한 메모

코조 분가쿠(楮文學)
닥나무에 관련된 문학

코조 주 사이바이 토 쇼시 세이호(楮樹栽培と抄紙製法)
닥나무 재배와 다양한 종이 만들기

큐 미토 료 노 산시(舊水戶領産紙)

옛 미토 지역의 종이만들기
미노가미 쇼 세이쭈 세츄(美濃紙抄製圖說)
미노종이 제조관련 논문과 예시.

미추마타(三椏)
상업 목적으로 삼지닥 재배

미추마타 코(三椏考)
삼지 닥종이

미추마타 오요비 오아사 사이바이 쵸사(三椏及び大麻栽培調査)
삼지닥과 삼 재배를 위하여

미추마다 사이바이 로쿠(三椏栽培錄)
삼지닥 재배에 관한 기록

난키분코 소리추키넨 친레추 모쿠로쿠(日本固有草木染紙法)
시대순에 따라, 동 서양의 옛 책과 문학의 분류, 종이 표본 포함.

니혼 코유 소모쿠 센쇼쿠 후(日本固有草木染紙譜)
일본 특유의 식물염료에 대한 연구서. 이 책은 아키라 야마자키에 의해 1933년에 편찬되었는데, 상업염료가 들어오기 전에 일본에서 쓰던 식물염료로 염색한 많은 표본을 보여준다. 종이 만들면서 염색 하는 법을 설명하면서 염색된 표본을 제시한다.

니혼 니 추타와따 사이코노 칸세키(日本に傳わつた最古漢籍)
고대 중국 문학을 일본에 소개한 책

니혼 노 고다이 니 오케루 카미 노 슈루이 (日本の古代に於

ける紙の種類)
고대 일본의 다양한 종이 종류

니혼 세이시 론(日本製紙論)
일본 종이 만들기. 국내 수제종이 만들기를 다룬 가장 좋은 책 중의 하나. 저자는 겐타 요시이로 제지 산업 발전의 공로가 크다. 책은 메이지 31년 3월 28일(1898. 3. 28.)에 출간 되었다. 기구들, 종이 재료들, 싸이징 식물 등을 예로 들었다.

사이신 세이시 코교(最新製紙工業)
현대 종이 제조

세이카 시 세추(精華紙說)
예를 들면서 종이만들기를 상세히 설명
세이시 겐시추 헨(製紙原質論)
종이 만들기에 쓰이는 재료들

세이시지추(製紙術)
종이 제조 기술

세이시 카이료 직켄 젠쇼(製紙改良實驗全書)
종이 개선에 관한 실험

세이시 노 카쿠리 오요비 지싸이(製紙の學理及び實驗)
종이 만들기에 관한 이론과 실제

시 후(紙譜)
종이를 다룬 책 중 일본에서 가장 희귀 본. 저자 세이치쿠 키무라는 1778 A.D.에 생산된 모든 종이의 목록을 만들었다. 만드는 법과 싸이징제 등 종이의 이름을 명명했다. 아네이 6년 2월에 발행된 가장 가치 있는 책이다.

시교 진코쿠키(紙業人國記)
종이 산업의 기록

시교 코와 히끼(紙業講話筆記)
종이 산업에 관한 강연

시교 시사추 호코쿠쇼, 카가와, 에히메, 코치 켄
(紙業視察報告書, 香川, 愛媛, 高知縣)
코치와 에히메의 카가와현에 있는 종이 산업에 관한 조사 연구 보고서

시마네켄 오하라 군 미추마타 사이바이 지교 엔카쿠 가이요 (島根縣大原郡三椏栽培事業沿革槪要)
시마네현 차라 군의 삼지닥 재배관련 논문

시마네켄 시교 시사추 호코쿠 나라비 니 세이시 후
(島根縣紙業視察報告竝びに製紙譜)
시마네현 종이산업 조사와 제지관련 강의 보고서

쇼코쿠 시메니 로쿠(諸國紙名錄)
여러나라에서 생산되는 종이와 명칭들 싸이징제 포함 등

쇼소인 노 아사가미 니 추이테(正倉院の麻紙について)
쇼소인 절의 삼 종이에 대하여

슈교쿠 시슈(聚玉紙集)
나오지로 하이바라가 모은 일본 수제종이 표본들. 100개의 표본으로 일본 종이 만들기에 중요한 자료이다. 쇼교쿠는 천왕가의 아리수가와 왕세자이 동경에 있는 하이바라 종이 상점에 부여한 명칭이다. '시슈'는 '종이 수집'을 의미한다. 최근.

테이코쿠 코쿠산 시 효(帝國國産紙表)
일본 제국에서 생산한 종이. 견본과 종이 제작법, 싸이징 등.

텐 궁 카이 우(天工開物)
중국의 초기 종이 만드는 기술을 다룬 책. 1634년에 성 잉 히싱이 편찬하고 1637년에 발간한 책. 그림으로 여러 과정을 보여주고, 대나무로 종이 만드는 것에 관한 논문이다.

토사 가미 노 엔카쿠(土佐紙の沿革)
토사의 종이 역사

토사시교 이판(土佐紙業一班)
토사의 종이 산업

쭈조쿠 시교 하타추 시(通俗紙業發達史)
종이 산업의 발전사

와코쿠 쇼쇼쿠 에드주쿠시(和國諸職繪盡)
작업 예술가. 1865년에 재판되었고 1861년에 4권으로 발행됨. 4권중 한권의 일부분에 일본 종이산업을 주로 다루었다. 히시카와 모로노부의 목판화 3점이 들어 있다.

와시(和紙)
일본 종이

와시 겐교 미추마타 사이바이 신쇼(和紙原料三椏製紙新書)
일본 종이 재료로써의 삼지닥 재배에 관한 새로운 논문

와시 노 뎀파 케이코(和紙の傳播系統)
일본 종이 전파의 계보
와시 루이(和紙類)

와시는 일본이나 국내의 종이를 뜻한다. 루이는 다양한 것을 의미하므로 일본 종이 목록이 된다. 미치타로 와타나베가 편집한 이 책은 수 많은 수제종이 산지와 옛 이름 싸이징제 등을 목록화 했다.

와시 세이조론(和紙製造論)
일본 종이 제조

야시로 코칸 노 와시론(屋代弘賢の和紙論)
일본 종이에 관한 야시히로 코칸의 논문들

조시 세추(造紙說)
에치젠의 종이산업에 대한 논문과 기후현의 종이 만들기. 시코쿠 종이와 아와에서 만든 얇은 쌀 종이. 기후의 새로운 종이 등. 3권 채색 도판 예시.

1200 넨 젠 노 코시(1200年前の古紙)
1,200년 전의 종이

1400 넨 젠 노 카미 노 하나시(1400年前の紙についての話)
1,400년 전의 종이에 관한 이야기

제6장

한·중·일의 종이 표본

*다음의 선별된 표본들은 현재(1933년) 한국 중국 일본에서 만들어지는 종이를 대표하는 것들이다. 각각의 명칭은 동양에서 쓰이는 것이고, 역사적인 중요성이나 의미 없이 미국이나 유럽에서 쓰이는 기발한 상용명칭을 혼란시키지는 않을 것이다.

일본 종이 표본 설명(36종)

1. 오카카 단시(大高壇紙). 단시류에서 가장 큰 종이. 일본에서는 표지, 공예, 의식용으로 쓰인다. 후쿠이현에서 닥나무로 만들었다. 규격 20.75×26.25인치.

2. 코 타쿠 시(光澤紙). 풍부한 광택의 장섬유 종이. 닥으로 만들고, 수로고와 에치젠에서 만든다. 단지 소량으로만 만든다. 규격 17.5× 22.5인치.

3. 요 과 칸바수(洋畵 CANVAS). 요과는 서양 예술을 뜻하고 칸바수는 캔버스(도화지)를 뜻한다. 표면은 거칠고 서양 스타일의 그림그리기용으로 만들어졌다. 코치에서 한정된 양만 만든다. 규격 20×26인치.

4. 쇼지 시(障子紙). 이 종이는 나무창문이나 한국 중국 일본에서 이동식 칸막이를 바를 때 사용한다. 이 종이는 햇살이 들어올 수 있을 정도로 충분히 얇고, 바람을 막고 일상에서 사용할 수 있을 만큼 충분히 강하다. 동양애서는 이 종이를 만든 목적되로 쓰이지만, 서양에서는 목판화용으로 쓴다. 사진 18번에 보이는 틀을 사용해서 만들고 닥나무로 만든 큰 종이이다. 쇼지 시는 시모, 시모주키, 아키, 토사와 마추에서 생산한다. 여기 있는 이 표본은 코치의 타카오카 마을에 있는 마루 토시 제지공장에서 만들었다.

5. 오히로 호쇼(大廣奉書). 오히로 니소쿠로도 불린다. 호쇼류이다. 일본 왕궁에서 필기와 인쇄용으로 쓰인다. 후쿠이

현에서 만든다. 규격 18×23.5인치.

6. 쿄쿠시 스카시(局紙透かし). 일본의 초기 명치시대에 지폐 인쇄용으로 쓰였다. 지금은 채권, 주식, 명함, 증서, 지도와 좋은 책 인쇄용으로 쓰인다. 외국 무역을 위해 다양한 크기와 무게로 표준화 되어 있고, 미국과 유럽에서는 일반적으로 '벨름'으로 알려져 있다. 후쿠이현에서 생산된다. 스카시는 비침무늬를 뜻한다.

7. 우와 센카(宇和泉貨). 아추 가미 류이다. 텐쇼 시대(1573~1592 A.D.)에 우와에서 처음 만들어졌다. 닥으로 만들었고 일본에서는 봉투와 사포 만드는 용으로 사용되었으나, 서양에서는 예술 인쇄용 으로 사용했다. 시코쿠 섬의 에히메에서 만들었다. 사진 19번에 보이는 틀 종류로 만들었다. 규격 12.5×17인치.

8. 토사 쇼인(土佐書院). 코치현의 토사에서 만든 일반적이고 유용한 종이. 규격 24×34인치.

9. 요시노 가미(吉野紙). 동양에서는 옻칠을 거르는데 쓴다. 닥으로 야마토에서 만든다. 규격 9.5×19인치.

10. 토사 쇼인(土佐書院). 키쭈키쇼인으로도 알려져 있다. 코치에서 만들어졌고 규격은 약 25×34인치.

11. 인슈 한시(因州半紙). 일본에서는 장부책 용으로 쓰인다. 이마바 현에서 닥이나 삼지닥을 써서 만들었다. 크기가 다양하다.

12. 준안피 우수요(純雁皮薄葉). 동양에서는 불꽃을 만드는데 쓴다. 미노현에서 안피 섬유로 만들고 규격은 17.5×24인치이다.

13. 치리 센카(塵泉貨)일본에서는 봉지와 포장지로 쓴다. 요현에서 닥으로 만든다. 규격은 12×15.75인치이다.

14. 카이료 미노(改良美濃). 코치현에서 만드는 얇은 종이로 일본 에서 널리 쓰인다. 크기가 다양하다.

15. 안피 시(雁皮紙). 미치타로 와타나베가 쓴 '와시 루이'라는 책에 의하면, 캄피시의 가까운 기원은 황기 25세기(분카와 분세이 시대)에 저술가들에 의하여 처음 언급되었다. '다이 니뽄 치메이 지쇼'란 책을 보면, '안피 시는 서기 12세기 초에 알려졌다가 다음 세대에서는 잊혀졌다'라고 적혀있다. 이름에서 알수 있는 것같이 이종이는 안피로 만들고 주로 미노와 이쭈 지역에서 생산된다. 가장 중요한 종류들은 니시노우치, 코기쿠, 미노, 호쇼, 시라이토, 고시키와 아사키리 이다.

16. 시가라미 가미(柵紙). 닥을 사용하여 일본의 알프스라고 알려진 신슈산맥에 위치한 시가라미 마을에서 만들었다. 이 종이는 이마을에서 약 350년간 만들어 왔으나 요즘은 종이 산업이 줄어들고 있다. 이 종이는 겨울인 12월에서 3월까지만 만들어지는데 펄프를 눈으로 표백하기 때문이다. 이 작은 공장은 따뜻할 때는 농사를 짓는 전업 농부들이 운영한다. 17번 뿐만 아니라 이 표본은 일본에서 필기용으로 사용된다. 규격 8.5×11인치.

17. 시가라미 가미(柵紙). 16번과 같은 종이인데 한국의 방식에서 소개된 것처럼 작은 해초 조각이 들어가 있다. 일본에서는 시마다로 불리는 해초는 8시간동안 끓여서 원하는 색조가 되면 적당한 길이로 잘라 닥 펄프에 첨가한다.

18. 쿄쿠 시(局紙). 6번과 같은 종이인데 비침무늬가 없는 것. 벨름을 생산하는 후쿠이현에서 생산한다.

19. 토리노코(鳥子). 이 종이는 명품으로 자주 언급이 된다. 겐지 모노가타리, 마쿠라 노 쇼시, 헤이케 모노 가타리 등. 토리노코 종이는 나라시대에도 만들어졌는데, 우수

요 형태로 쿄토에 있는 히시 혼간지에, 절에 기록되어 있는 그대로의 모양으로 아직도 존재하고 있다. 황기 23세기(서기 16세기) 중에는 에치젠에 있는 카마노수케 카토가 안피와 닥을 섞어 개선된 종이를 만들었다. 그 때 이후로 에치젠(후쿠이현)이 코리노코의 주요 산지 중 하나가 되었다. 서기 14세기 이전 까지는 히 가미로 알려지다가 이 시기에 이름이 토리노코로 바뀌었다. 이 이름은 새 또는 암탉을 뜻하는 토리와 새끼 또는 알을 뜻하는 코에서 왔다. 종이 색깔이 달걀색이고 그 표면질감이 약간 비슷하여 이름이 딱 들어맞는다. 나라시대의 토리노코 종이는 세 부류로 나뉜다. 우수요 토리노코 가미, 치우요 토리노코 가미, 아추요 토리노코 가미. 토리노코 가미는 한 면은 약간 거칠고 다른 면은 부드러워서 가장 유용하고 멋진 종이이다. 일찌기 저술가들은 히 가미(토리노코)는 가니히 식물로 만든다고 언급했다. 그리고 이 식물은 세이쇼 나곤이 쓴 책 '마쿠라 노 쇼시'에 자세히 설명되어 있다. 카니히는 키코안피와 동일한 것으로 안피의 일종이다. 토쿠가와 시대(1603~1867 A.D.) 이래로 수 많은 종류의 토리노코 가미가 만들어졌는데 그 중요한 종류는 다음과 같다. 히로 토리노코 가미, 고시키 토리노코 가미, 쿠모 토리노코 가미, 치우요 토리노코 가미, 우수요 토리노코 가미 그리고 토리노코 가미이다. 토리노코 종이의 덜 중요하지만 이전의 역사는 다음과 같다. 우치쿠모 토리노코 가미, 토비코모 토리노코 가미, 수미 나가레 토리노코 가미와 미추타마 토리노코 가미. 이 네 가지 종류는 이름이 의미하지만 장식용이다. 토리노코 류의 종이는 일본에서 가장 중요한 한가지이고 공식적인 곳에서 두루 사용된다. 표본 19번은 토리노코 마추나미 또는 토리노코 수기반이라고 불린다. 현대 토리노코 종이의 크기는 사용처마다 다르다.

20. 고슈 토리노코(江州鳥子). 안피 토리노코로도 알려졌다.

시가와 오미에서 만드는 특별한 토리노코 종이이다. 일본에서는 이 종이를 띠 형태로 잘라 시 쓰는데 사용한다. 규격은 약 16×21인치이다.

21. 코조 가미(楮紙). 코치에서 닥으로 만드는 얇은 종이. 사진 16번과 17번 종류의 틀로 만든다.

22. 코조 가미(楮紙). 표본 21번과 같은 종의 약간 무거운 종이. 또한 코치에서 생산한다.

23. 인슈 미노(因州美濃). 일본에서 장부책 만드는데 쓰는 종이. 이나바 현에서 삼지닥을 상용하여 만든다. 규격은 항상 11×16.4인치이다.

24. 키주키 호쇼(生漉奉書). 키주키 오 호쇼라고도 알려졌다. 쌀가루와 닥으로 만든다. 에치젠에서 생산하고 동양에서는 인쇄용으로 사용한다. 규격은 약 15.5×21인치이다.

25. 이로 호쇼(色奉書). 이름이 의미하듯이 채색된 호쇼이다. 일본에서는 여러 가지 장식용으로 사용한다. 색깔은 분홍, 연파랑, 크림색, 보라, 회색 등. 에치젠에서 생산하고 외국산 펄프와 닥을 섞어서 만든다. 규격은 약 15.5×20.75인치이다.

26. 마니아이(間似合). 안피 섬유에 진흙을 많이 묻혀 만든다. 일본에서는 미닫이 방문을 바르는데 사용한다. 세츄에서 생산한다.

27. 운카시(雲華紙). 만드는 과정에서 삼지닥에 희거나 물감 들인 펄프를 첨가하여 만든 색종이이다. 일본 책들을 묶는데 사용된다. 규격은 약 16.5×21.75인치이다.

28. 우류시(雲龍紙). 두 가지 색깔이 든 펄프로 만드는 장식 종이. 후쿠이현에서 생산되고 규격은 약 16.5×21.75인치이다.

29. 미주타마 토리노코(水玉鳥子). 미주타마가 물방울을 의미하듯이 이는 토리노코 종류의 종이로 종이가 처음 성형될 때 그 위에 물을 튀기고, 그 위에 물감 들이지 않은 얇은 막을 입힌다. 후쿠이현에서 생산된다. 규격은 25×34.5인치이다.

30. 모미가미 고시키(아사기)(揉紙五色)(淺葱). 구겨서 만든 장식 종이. 토쿄현에서 만들고 일본에서는 책 만드는데 사용한다. 규격은 약 24.75×25.75인치이다.

31. 모미가미 고시키(아카)(揉紙五色)(赤). 30번 표본과 같지만 분홍색이다.

32. 키주키 이로모노(生漉色物). 수키 이로 가미 류의 종이이다. 유약을바르지 않고 만든 다양한 색깔의 종이 와 자연스러운 색조의 종이. 이바라키현에서 생산되고 규격은 약 25.5×37인치이다.

33. 코야 우다(高野宇陀). 동양에서는 우산 만드는 종이로 널리 쓰인다. 키이이지역에서 닥으로 만든다. 규격은 약 12×17.5인치이다.

34. 이로 토리노코(色鳥子). 이로는 색깔을 뜻하므로 이것은 분홍 토리노코이다. 후쿠이현에서 생산되고 규격은 약 16×21.5인치이다.

35. 키 토리노코(黃鳥子). 키가 의미하듯이 노란 토리노코를 의미한다. 규격은 약 17.5×22인치이다.

36. 야쿠타이 시(藥袋紙). 쿠수리부쿠로로도 알려졌다. 붉은 빛을 띈 종이로 한쪽 면을 솔로 문질러 얼룩지게 만들었다. 처음에 토사에서 만들엇고 약을 싸는데 사용했다. 명치시대 이전까지 생산하는 것이 제한되었고 생산하는 방법도 비밀에 부쳐졌다. 도쿠가와 시대(1603~1867

A.D.)에 이 종이는 대량으로 사용되었다. 이 특별한 종이를 만드는데는 닥나무의 안피와 외피 모두를 사용한다. 토사의 야쿠타이 시가 일본 전역에서 가장 유명하다. 규격은 약 13.25×35인치이다.

한국 종이 표본 설명(11종)

37. 신코 시(四庫紙). 거의 모든 한국 종이는 닥 또는 재활용 닥 또는 두 가지를 섞어서 만든다. 신코 시는 한국 남쪽의 경상북도 대구 근처 거창에서 만들었다. 규격은 약 21×36인치이다(모든 전형적인 한국 종이들은 사진 15번에 있는 틀 종류로 만든다.)

38. 타이 시(笞紙). 이 종이는 수 백 년간 생산되어 왔고, 아마도 현재 만들어지는 종이 중에 가장 좋은 종이이다. 종이에 있는 머릿 카락 같은 실은 해초 때문에 생긴 것이다. 타이 시는 18 20장 묶음으로 책을 묶듯이 두 줄로 묶어 둔다. 전라북도 근산 근방 전주에서 만들었다. 규격은 약 21.25×42인치이다.

39. 코부추 시(貢物紙). 전주에서 만들었고 규격은 약 15.5×24인치이다.

40. 훈하쿠 시(粉白紙). 전주에서 만들었고 규격은 약 18.5×29.5인치이다.

41. 켄요 시(見樣紙). 전주에서 만들었고 규격은 약 16.5×27인치이다.

42. 코케이 시(藁精紙). 경상북도 대구 근처의 산청마을에서 만들었다. 규격은 약 24×42인치이다.

43. 로센 시(籠扇紙). 현재 한국 종이 중 가장 좋은 종이의 하

나. 18~20장씩 줄로 묶인 종이는 조선에서 만든 종이 중 가장 좋은 종이이다. 한국 남서쪽 군산 근처 전주에서 만들었고 규격은 약 21.5×40.5인치이다.

44. 코케이 시(藁精紙). 경상북도 대구 근처의 산청마을에서 만들었다. 규격은 약 23.25×43인치이다.

45. 요잔 시(油衫紙). 대구 근처 거창에서 만들었다. 규격은 약 22×39.5인치이다.

46. 신코 시(四庫紙). 거창에서 만들었다. 규격은 약 19.75×35인치이다.

47. 타이소 시(大莊紙). 한국의 좋은 종이 중의 하나. 역시 서양에서는 쓸 수 없게 종이를 묶어 놨다. 군산 근처 전주에서 만들었고 규격은 약 24×52인치이다.

중국 종이 표본 설명(4종)

48. 츄 치(竹紙). 대나무 섬유로 만든 값싼 종이. 규격은 약 23×36인치이다.

49. 샤 치(紗紙). 주로 서양으로부터 수입되는 폐지를 이용해 만든 일반 종이. 규격은 약 20×20인치이다.

50. 샤오 치(燒紙). 사진 13번에 있는 틀로 볏짚이나 대나무를 사용하여 만든 종이. 이 종이는 장례식이나 종교의식에서 지전을 태울 때 양쪽을 구겨서 그것을 잡는 접시로 사용된다. 규격은 약 8×8인치이다.

51. 탕 치(糖紙). 광동성의 강촌마을에서 생산되는 중국등 종이이다. 이 종이의 주요 시사점은 서기 105년에 채륜이 종이 만드는 첫 개념을 얻을 때 사용했을 것으로 추정되는 지조(wove)형 틀로 만든다는 것이다. 이 마을은 채

룬이 종이 만드는 실험을 했던 레이양에서 2백마일 밖에 떨어져 있지 않다. 탕 치를 만드는 펄프는 종이 우산을 만드는 산업의 부산물인 샤 치의 찌꺼기이다. 이 특별한 종이는 사진 8번에서 보이는 현태의 틀 위에서 만들어진다(탕 치를 만드는데 쓰이는 틀, 성형과정 등에 대한 설명은 이 책의 관련 부분을 참고하라.)

A Paper Making Pilgrimage to Japan, Korea and China
표지 사진

일본 종이 표본 사진 1,2,3,4,5,6,7

일본 종이 표본 사진 8,9,10,11,12,13

일본 종이 표본 사진 14,15,16,17

일본 종이 표본 사진 18,19,20,21,22

일본 종이 표본 사진 23,24,25,26,27,28,29,30,31

일본 종이 표본 사진 32,33,34,35,36,
한국 종이 표본 사진 37,38

한국 종이 표본 사진 39,40,41,42,43,44

한국 종이 표본 사진 45,46,47,
중국 종이 표본 사진 48,49,50

중국 종이 표본 사진 51

역자 후기

지천명(知天命)의 다드 헌터와 '한·중·일 종이 타임머쉰'의 멋진 종이 여행을 시작하면서...

2003년으로 기억을 하고 있다.

5월에 국립중앙박물관신문에 '한지 보존, 천년의 비밀은 무엇일까?' 라는 제목으로 오래 전부터 준비해왔던 우리 한지가 천년이상 보존이 되는 이유를 나름대로 조사하여 기고했던 적이 있었다.

그해 1월, 미국 조지아주의 아틀란타에 있는 조지아 공대 내의 '다드헌터 종이박물관'을 방문 했었다. 어렴풋이 30 여년 전부터 그 곳 팜플렛에 한국 색종이에 관한 내용이 실려 있었다고 하시던 계성종이박물관 조형균 관장님의 말씀을 듣고, (재)종이문화재단 노영혜 이사장을 모시고 그 내용을 확인하러 갔었다. 우여곡절 끝에, 다드 헌터의 자서전(My life with paper, 1958) 222p에 다음과 같이 기록 되어 있는 것을 확인할 수 있었다.

한국인들이 최초로, 식물 섬유와 천연 염료를 직접 넣어, 종이를 뜨는 방법으로 색종이를 만들었다. 그들은 또한 최초로 봉투를 만들었는데, 이 두 가지 중요한 발명에 있어서는 독창적인 중국인들 보다 더 예지력이 있었다.

The Koreans were the first to make colored paper by placing the natural dyes directly with the vegetable fibers from which the sheets were made. They also formed the first envelopes, and so anticipated even the ingenious Chinese in these two important inventions.

또한, 그 곳에서 다드헌터가 쓴, 『한·중·일 종이 타임머쉰』(A Papermaking Pilgrimage to Japan, Korea and China, 1936)을 보았는데, 그 책 안에는 1933년 봄, 서울의 세검정에서 종이를 뜨는 사진 등 14장이, 70년이 지났음에도 선명하게 인쇄되어 있었고, 나에게 뭔가 말을 걸어오고 있는 것 같은 느낌이 들었었다.

그리고, 10년이 훌쩍 지났다.

몸의 균형이 깨져 앞만 보고 달릴 수 없는 상황이라 인생을 되돌아 보는 시간을 가졌다. 퍼뜩 죽음이라는 것이 이렇게 가까이 와 있구나하는 생각을 함과 동시에, 이문학회 스승님으로, 년 전에 돌아가신 노촌 이구영(老村 李九榮, 1921~2006) 선생님께서 하시던 말씀, '나이들면 병은 몸과 함께 다스리면서 친구로 살아가는 거야'라고 하신 말씀이 생각나니, 심리적인 안정을 찾을 수 있었다.

어느 한 분야에서 오랫동안 공부를 하게 되면, 자연스럽게 그 분야의 발생 과정에 관심을 가지게 되고, 꾸준히 이어지는 관찰과 연구 조사 과정을 거쳐, 주변 환경과의 상호 작용 및 문화의 전파에 자연스럽게 수반되는 잡음들, 그것들에 의해 발생하는 여러 가지 복잡한 현상들의 관계 등을 알게 되면서 자연스럽게 이해하는 폭이 넓어지게 된다. 종이 관련 전문가의 시각으로 초기 종이 만들기에 대한 애정을 가지고 있던, 다드 헌터는 자기가 가지고 있는 식견으로 원초적인 종이 만들기 관련 자료들을 관찰하면서 관찰된 사실이 사라져 가는 아쉬운 마음들을, 될 수 있으면 좀 더 상세하게 기록으로 남겨 놓으려고 하다 보니, 추가적인 설명들이 계속해서 이어짐으로써 문장이 길어지는 사태가 자주 발생했다. 애정이 듬뿍 담긴 저술가의 따뜻하지만 예리한 관찰력이 묘사된 글을 읽으면서 가끔씩 공명을 하게 되니, 전율이 온몸을 타고 흐르기도 했다.

종이 발생의 이유, 전개과정, 전파 경로, 각 나라마다 특이한 환경에 따른 변화 대처 등에 대한 전체적인 지도(map)를 가지고 있는, 다드 헌터는 방문하고 관찰한 지역에서의 종이 만들기 등에 관한, 전체적인 맥락에서 현재의 것들이 어느 지점에 있는 것인가를 알고 정확하게 이해하고 있는 조망(bird eye view)을 가지고 상세히 기술을 하고 있다.

다드 헌터(1883~1966.2.20.)가 1936년에 써 놓은 책을 통해, 갑자기 시작된, 지금으로부터 80년 전인, 1933년 봄으로의 한·중·일 종이 시간 여행!

일본과 조선 그리고 중국을 지천명(知天命)의 지긋한 다드 헌터의 눈을 통해서, 여행 할 수 있었던 것은 역자에게는 무한한 설레임이었고, 그 짜릿함을 함께 할 수 있었다는 것이

잊혀지지 않는 기억으로 오래 남아 있을 것 같다.

1933년 여행 당시, 50살인 다드 헌터는 어려서부터 종이나 인쇄 디자인 관련 환경에서 생활하면서, 종이 외길을 걸어온 제지사학자로, 전세계 종이 만들기의 역사를 알기 위하여, 아시아의 오지에서 고대의 방법으로 수제종이 뜨는 곳 들을 찾아 여행을 다니기 시작하였다.

그는 이미 종이 만들기에 대한 걸출한 시각을 가지고 있었고, 수년간 고민한 종이 만들기의 본향과 그 변천 과정들이 고스란히 보존되어 있는 지역들을 그의 눈으로 직접 둘러보았다. 그의 눈에 비친, 전 세계에서 최고의 품질을 자랑하는 일본과, 1300여 년 전, 서기 610년에 그 나라에 종이 만드는 기술을 전파해 주었으나, 1933년 봄 현재, 역으로 선진 종이 기술이라는 것을 한국에 가르치는 일본, 1300 여 년 전과 전혀 변함없이 원초적인 방법으로 종이를 뜨고 있는 한국, 종이에 관한 풍부한 지식과 애정 어린 따스한 시선, 좀 더 많은 것을 사라지기 전에 보고, 그것을 기록하기 위한 처절한 노력의 산 증거들을 곳곳에서 살필 수 가 있다.

종이를 만드는 원재료(닥나무, 삼지닥나무, 안피, 대나무, 밀짚, 볏짚, 면화 등 기타)들의 형태와 재배법, 수확방법 및 자라는 환경, 식물성 싸이징재료들(접시꽃, 황촉규, 후박나무 등), 첨가물들(독특한 진흙, 쌀가루 등) 및 특성, 종이를 뜨는 발('wove'형 'laid'형)의 형태, 발 만드는 소재(대나무 또는 금속줄) 및 인치당 엮어진 발의 개수, 종이 뜨는 틀의 형태 및 크기, 종이의 사용 목적이나 뜨는 방식 날씨 등에 따른 섬유질과 싸이징재의 배합 비율, 발로 종이를 뜨는 방식(흘림 뜨기, 가둠뜨기), 지통의 형태(나무통 또는 토기 항아리), 앉아 뜨거나 서서 뜨는 방식의 차이, 습지를 쌓고 물 빼는 방식(재래식 돌을 사용하여 압착하는 법), 습지 사이에 볏짚을 미리 놓아 떼기 쉽게 하는 법, 종이 건조하는 방식(틀 위에서, 건조판에 붙여 또는 땅 위에 널어서), 종이 포장 방법(펼쳐서 또는 접어서), 사후 가공법(합지, 도침, 염색 등), 종이 사용 목적(의식용, 필기용, 장식용, 인쇄용, 회화용, 기타 예술 작품용 등),등급 분류(부드러움, 광택, 두께, 깨끗함과 다른 특성), 만들어지는 장소(동양, 서양, 대규모 공장 또는 소규모 가내 수공업)에 따라 달라지는 것을, 한국 중국 일본의 것들에 대하여 자세히 기술하였다.

여행 기간은 1933년 3월 초부터 1개월간 일본의 100여 곳이 넘는 제지공장들을 둘러보았고, 4월 초가 지나 부산에 도착한 다음, 다시 1개월간 한국의 대구 근방 산청과 군산 근방 전주 그리고 서울권의 은평(세검정 조지서 마을)을 둘러보았다. 중국은 나중에 따로 들러 수집한 자료를 편찬한 것이다.

머리말, 종이 만드는 재료들, 종이 뜨는 틀, 한중일 여행, 일본 종이 목록, 종이 관련 책 목록(총51권), 사진 및 삽화 해설(총69점 중, 한국관련 14장), 표본 설명, 한중일 종이표본(총

51종, 일본36, 한국11, 중국4)과 색인으로 구성 되어 있다.

　다드 헌터의 자서전『My Life With Paper(1958)』에 보면, 이 책을 만든 종이는 일본 수제종이를 떠서 사용했고, 표지는 3/4 가죽장정과 표지부분은 한국 북부지방에서 구한 옛날 나무활자(紙)를 인쇄했고, 권당 150페이지로 총370권을 만들었으며, 각 권마다 저자 싸인과 일련번호를 부여했고, 권당 36불에 팔았다고 쓰여 있다.

　또 하나는 다드헌터가 서울에서 기차를 타고 부산으로 돌아가려던 1933년 4월 말에서 5월 초의 어느 날 아침 일찍, 한산하던 서울 역에 사람들이 줄지어 오래된 한국 기를 흔들고 있고, 경찰들이 배치되어 있었다. 35살의 영친왕 이은(1897~1970)이, 일본 공주(이방자)와 결혼하고 5년 만에 고국을 첫 방문하여 2주간 머물고 돌아가는 길이었다. 연도에는 기차가 지나감을 따라, 흰 옷 입은 사람들이 아무런 말도 없이, 존경의 뜻으로 조용히 허리를 깊게 숙여 인사하는 모습 뿐!

　다음날 아침 부산에 도착한 후, 시모노세키 가는 배를 타고, 둥근 테이블에서 식사를 하는데, 다드 헌터가 영친왕 이은의 바로 옆자리에 앉아, 그가 아침 식사하는 모습을 관찰하였다. 귤 2개, 삶은 달걀 3개, 홍차 한 주전자였다.

2013년 7월 역자

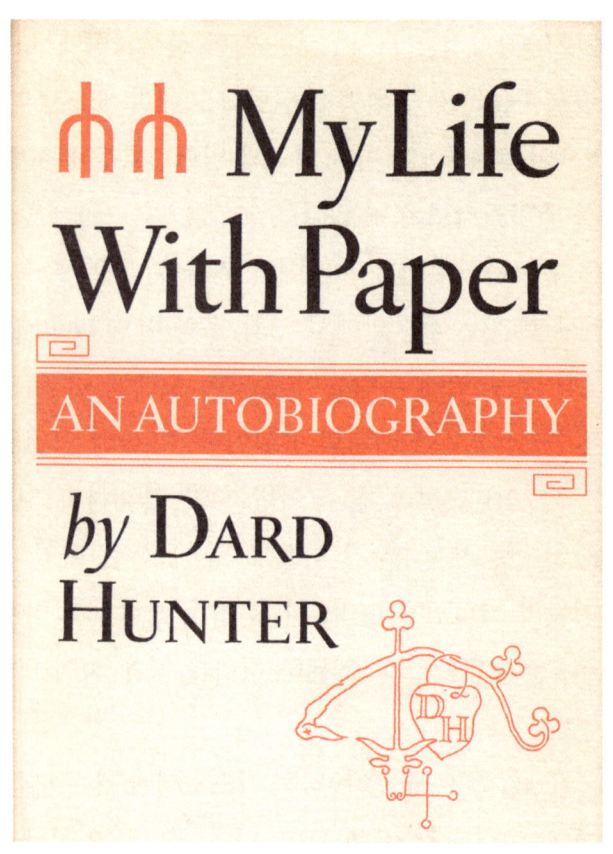

My Life With Paper (1958) 다드 헌터 자서전 표지 사진

한지 보존, 천 년의 비밀은 무엇일까?

한지는 천 년을 간다고 합니다. 혹시 천 년을 견딘 한지를 보신 적이 있습니까? 경주에 가면 불국사가 있습니다. 그 곳에는 10원짜리 동전에 새겨져 있는 다보탑(국보 제20호)과 백제의 장인 아사달과 아사녀의 애틋한 사랑 얘기가 서려있는 일명 무영탑인 석가탑(국보 제21호)이 있습니다.

1966년 9월 초 석가탑 도굴미수 사건으로 훼손된 석가탑을 그 해 10월에 중수하는 과정에서 발견된 '무구정광대다라니경' (국보 제126호, 국립중앙박물관 소장)은 한지가 천 년을 간다는 것을 고스란히 입증해 주고 있습니다.

석가탑이 서기 751년(신라 경덕왕10년)에 완성된 것으로 기록에 있으니, 무구정광대다라니경(경문 중에는 690A.D.~704A.D. 사이에 한시적으로 사용되던 측천무후자 4자 𡒦(증證), 埊(지地), 𡔈(초初), 𥡴(수授)가 10여 차례 포함되어 있음)은 지금으로부터 최소 1,250년 전, 석가탑이 완성되기 이전에 한지(백추지)에 목판으로 인쇄되어 석가탑 2층 탑신석 사리공(가로, 세로 41cm, 깊이 19cm)에 봉안이 된 것으로 추정할 수 있습니다. 또한 이는 유네스코에서 인정한 세계에서 제일 오래된 인쇄물(The world's oldest printed document UNESCO Courier, December 8th, 1972)인

것입니다.

또한 지금부터 천 년 전인, 서기 1011년(고려 현종 2년)에 만들어진, 초조대장경을 천년 동안 보존해 온 그릇으로서의 종이가, 서울 성암고서박물관과 일본 난젠사(南禪寺)에 2677권이나 아직도 생생하게 지난 천년을 묵묵히 증언하고 있습니다.

그렇다면 한지는 어떻게 천년을 버틸 수 있었을까요?

한지를 만드는 과정을 같이 살펴보십시다.

한지는 우선 섬유가 여리고 부드러워 종이뜨기에 알맞은 1년생 햇닥나무 가지(맹아지)를 11월에서 1월 사이에 베어서, 목질부와 껍질이 잘 분리 되도록 증기로 쪄냅니다. 이를 겨울철의 차가운 시냇물에 10시간 동안 담가 불려 겉껍질을 칼로 벗겨 청피를 만들고, 이를 다시 벗겨 백피 즉 백닥을 만들어 햇볕에 잘 말립니다. 잘 마른 백닥을 하루나 이틀 동안 차고 맑은 시냇물에 충분히 불립니다.

이를 30~40cm 정도로 잘라 닥솥에 쇠죽 끓이듯이 4~5시간을 충분히 삶는데, 이때 잿물을 넣습니다. 잿물은 짚이나 메밀대 콩대 등을 태운 재를, 안쪽에 망을 깐 시루에 담아 끓는 물을 부어 내려 쓰는데, 손으로 만져서 비눗물처럼 미끈미끈한 정도가 알맞으며, 이때 잿물의 수소이온농도(ph)(범위: pH 0~14)는 10~12 정도의 강알카리성을 띠게 됩니다.

섬유소는 상당히 안정적인 물질이라 산성에는 약하지만 알카리성에는 강합니다. 따라서 강알카리에 백닥을 삶아 불순

물을 가용성 물질로 바꾸어 비교적 순수한 섬유소를 추출하기 위해서 잿물을 넣고 삶습니다. 이 때 백피(피닥) 100근을 삶을 경우, 대략 짚 태운 재는 220kg (논 1500평 정도의 볏짚)이 소요되고, 메밀대는 알카리 함유가 높으므로 150kg 정도가 소요 된다고 합니다.

  삶아진 백닥은 알카리성을 제거하여 중성으로 만들기 위해, 흐르는 맑은 물에 여러 차례 세척을 합니다. 그리고 흐르는 찬물에 펼쳐 햇볕을 쬐어 주는데, 맑은 날은 5일 흐린 날은 7일간 햇볕을 쬐어 산화표백을 시킵니다. 표백 후 티 고르기를 하는데, 티 고르기는 한 사람이 하루에 3~4근 정도 처리할 수 있습니다. 다음 과정은 티고른 백닥을 닥돌에 올려 놓고, 닥 방망이로 40~60분 정도 골고루 두들겨 찧은 후, 곤죽이 된 섬유원료를 지통에 넣고 물과 골고루 잘 섞이도록 대나무로 충분히 저어 줍니다. 마지막으로 닥풀(황촉규)뿌리로 만든 초지용 점제(ph 농도가 7인 중성임)를 넣어, 섬유가 전체적으로 일정한 농도를 유지하도록 잘 저은 다음, 종이뜨기에 들어갑니다. 한지를 만드는 이러한 과정은 대부분 한지에 관심이 있으신 분은 누구나 쉽게 아실 수 있는 과정입니다. 그런데 이중에 특히 관심 있게 보아야 할 부분은 닥을 삶을 때 볏짚이나 콩대를 태운 잿물을 쓴다는 것입니다.

  볏짚 등을 태운 재는 일종의 숯(탄소 덩어리)이 아닙니까?
  우리는 흔히 구석기 유물 등을 새로 발견하면 탄소연대측정 방법에 의하여 몇 년 전의 유물인지를 파악하는 것을 언론 보도에서 쉽게 접할 수 있습니다. 숯은 탄소 덩어리 입니다. C14인 탄소의 반감기가 5,730년 이라고 하는 것은 탄소(숯)가 5,730년이 지나도 현재 무게의 1/4로 줄어들 뿐, 역시 탄소(숯) 성분 그대로 존재한다는 것을 의미합니다.

그렇다면 우리가 주변에서 흔히 알고 있다고 생각되는 숯은 어떻게 만들어지며 용도는 무엇일까요?

먼저 토굴을 판 후, 참나무를 베어 차곡차곡 쌓은 다음에, 불을 때서 산소와 나무가 접촉이 안 되도록 밀폐한 공간에서 1,000도가 넘는 고온으로 구워 낸 것이 숯입니다. 이 과정에서 숯은 나무에서 수분 등이 모두 빠져나가, 부피가 작아진 수많은 기공을 포함한 다공체(多空體) 덩어리가 됩니다. 숯 1g에 분포된 매크로공극(구멍)의 표면적을 펼치면 250~300m^2정도로 테니스장 한 코트 정도의 면적이 된다고 합니다. 이처럼 매크로공극이 많고 표면적이 넓기 때문에 흡수 흡취성이 강해 방독면, 정수기 등에 활용되고, 회분이 많아 알카리성(ph9~10)이어서, 산성을 선호하는 곰팡이등의 증식은 억제하지만, 유익균의 성장에는 도움이 되어, 간장독에 넣어 왔습니다. 또한 양질의 음전자를 무한히 공급하기 때문에, 주변 물체의 부패를 방지해주며, 에너지 수집 및 유도 작용으로 인해 건전지로 활용되고 있습니다.

그리고 합천 해인사에 있는 팔만대장경의 경판각 밑에는 다량의 숯을 깔고, 마사토와 황토, 생석회 및 소금이 함유된 흙으로 덮어, 팔만대장경을 외부 환경(습기, 개미 벌레 등)으로부터 안정적으로 보존하고 있습니다.

또한 1971년 중국 호남성 장사의 마왕퇴(馬王堆)에서 발굴된 2,000년 전 한나라 여자의 발굴된 시신은 피부와 인체조직이 썩지 않고 세포도 분명히 보이며, 관절이 굳지 않고 피부에 탄력이 있으며, 피부색에 윤기가 흐르고 있었습니다. 발굴된 그 여자의 관 위에 숯 층이 40~50 cm의 두께로 1만여 근이나 덮여 있었다는 것은 주지의 사실입니다.

이를 종합해 볼 때, 한지가 천년을 넘어 보존이 될 수 있는 비결은, 숯의 분자가 잿물 넣고 삶는 과정에서 섬유질에 녹아 들어가 섬유질의 안정적인 보존성을 높이고, 싸이징재로 중성(ph7)인 식물성 닥풀(황촉규)을 사용한다는 사실에 있습니다. 절묘하게 어우러진 숯(잿물)과 섬유질(닥)과 중성인 접착제(닥풀)의 환상적인 화합 결과가 천년이 지난 지금도 중성지인 한지의 보존성을 보장해 주는 것이 아닌가 생각해 봅니다.

19세기 말경에 국내에 처음 소개된 양지에 의한 인쇄물의 보급은, 우리의 지식문화 보급에 엄청남 역할을 한 것은 사실입니다. 그러나 역사적 사료로서의 보존성 측면이 대두되면 고개가 갸우뚱해집니다. 1900년대 초 간행된 책자들은 도서관 및 소장가들의 애만 태우고 있습니다. 왜냐하면, 펄프로 만든 종이가 이미 산성화가 진행되어 누렇게 변함은 물론 바스러져서 정보를 담을 수 있는 본래의 기능을 하지 못하고 있기 때문입니다. 그저 시간이 지남에 따라 먼지로 사라져 가는 것을 안타깝게 바라보고 있을 뿐이죠.

그런 연유인지 요즈음 보존용 종이를 살려면 값이 더 비싸더라도 중성지(Acid Free)를 찾습니다. 그러나 저는 여기서 약간의 반론을 제기하고 싶습니다.

펄프로 만든 중성지가 아닌, 전통의 방식(동남아에서 수입한 닥이 아닌 한국에서 재배한 닥을 쓰고, 양잿물이 아닌 잿물로 삶고, 싸이징재로는 팜이 아닌 황촉규를 써서 섭씨 5도 이하의 찬물에서 뜬)으로 만든 우리의 전통한지 만이 진정한 중성지로써 문서 1,000년 보존의 기능을 다할 수 있다고 봅니다.

*참고자료

「석굴암 다보탑 및 석가탑의 세척과 보존에 관한 연구」, 한국과학기술연구소, 1971.
『불국사 복원공사보고서』, 문화공보부 문화재관리국, 경주시, 1976.
『종이만들기』, 이승철 지음, 도서출판 학고재, 2001.
『우리가 정말 알아야 할 우리 한지』, 이승철 지음, 현암사, 2002.
『기적의 숯 건강법』, 성도제(농학박사), 마키우치다이도 지음, 김기홍 역, 중앙 M&B, 1998.
『교과서에서 배우지 못한 과학이야기』, 로버트 M 헤이슨, 제임스 트레필 지음, 이창희 역, ㈜고려원미디어 1993.
『마왕퇴의 귀부인』, 웨난 지음, 이익희 역, 도서출판 일빛, 2001.
「무구정광대다라니경의 연구」, 김성수 지음, 청주고인쇄박물관, 2000.
〈석가탑다라니경 중국기원설 근거없다 '정원본 화엄경'표기해명서 밝혀〉, 조병순, 조선일보 2002년 10월 2일자

〈중 2100년 전 여인미라 전신상 복원〉, 북경 여시동 특파원, 조선일보 2003년 1월 13일자
「다라니경이 역시 세계 최고 목판본」, 조병순, 조선일보 2003년 3월 29일자
「세계 최고의 목판인쇄물 무구정광대다라니경에 대하여」, 조형균, 제지계 1990년 8월호, 한국제지공업연합회

*위 글은 2003년 5월 1일 박물관신문(국립중앙박물관)에 역자가 기고했던 것을 약간 보완했습니다.

특별기고

한지 보존, 천년의 비밀은 무엇일까?

윤재환 (한국종이접기협회 사무국장)

한지는 천년을 간다고 합니다. 혹시 천년을 견딘 한지를 보신적이 있습니까?

1966년 9월 초, 경주 불국사의 석가탑 도굴미수 사건으로 훼손된 석가탑을 그 해 10월에 중수하는 과정에서 발견된 무구정광대다라니경(국보126호)은 한지가 천년을 간다는 것을 고스란히 입증해 주고 있습니다. 석가탑이 서기 751년(신라 경덕왕10년)에 완성된 것으로 기록(경판 경문 종이는 600 A.D.~704 A.D. 사이)에 한시적으로 사용되던 측천무후자 4자·즘圖, 재地, 초初, 수授·가 100여 차례 포함되어 있음)을 지금으로부터 최소 1,290년 전, 석가탑이 완성 되기 전에 한지(예추지)에 독경으로 인쇄되어 석가탑 2층 답신석사리경에 봉안된 것으로 추정할 수 있습니다.

또한 이는 유네스코에서 인정한 세계에서 제일 오래된 인쇄물인 것입니다.

그렇다면 한지는 어떻게 천년을 버틸 수 있었을까? 만드는 과정을 같이 살펴 보실시다. 한지는 주된 섬유가 여리고 부드러워 종이 뜨기에 일맞은 1년생 탁나무(한닥닥나무)를 11월에서 1월 사이에 베어서 목질부와 껍질이 잘 분리 되도

복 증기로 쩨냅니다. 이를 겨울 힘의 차가운 시냇물에 10시간 동안 담가 벌어 겉껍질을 칼로 벗겨 청피를 만들고, 이를 다시 벗겨 백피 즉 백닥을 만들어 햇볕에 잘 말립니다. 잘 마른 백닥을 하루나 이틀 동안 차고 맑은 시냇물에 충분히 6j~4~5시간 동안 30~40분 정도로 잘라 닥솥에 삶은 큼니다. 이때 잿물을 넣습니다. 잿물은 짚이나, 메밀대, 콩대 등을 태워 충분히 우려낸 것입니다. 삶으며, 이때 잿물이 전체적으로 일정한 농도로 데쳐지게 되고, 섬유소는 삼일처럼 미끈한 정도가 알맞으며, 이때 수소이온농도(ph)는 10~12정도의 강알카리성을 띠게 됩니다. 섬유소는 삼일에선 강한 산성에는 약하지만 알카리성에는 강합니다. 따라서 강알카리성에 백닥을 삶아 물순물을 가용성 황산염으로 바꾸어 비교적 순수한 섬유소를 추출합니다. 위에서 모멸돌을 넣고 삶습니다. 이 때 백피(장닥) 100근을 삶을 경우, 대략 잿물 재는 220kg(t=1500원 정도의 볏짚)이 소요되고, 메밀대는 칼리 함유가 높으므로 150kg 정도가 소요 된다고 합니다. 삶아진 백닥은 알카리성을 제거하여 중성으로 만들기 위해 흐르는 맑은 물에 여러 차례 세

척을 합니다. 그리고 흐르는 한 물에 펼쳐 햇빛을 쬐어 주는데, 맑은 날은 5일, 흐린 날은 7일간 햇볕을 쬐어 산화표백을 시킵니다.

표백 후 티 고르기를 하는 데, 티 고르기는 한 사람이 하루에 3~4근 정도 할 수 있습니다. 다음은 티 고른 백닥을 닥방에 꺼내 놓고, 닥 방망이로 40~60분 정도 꽃골무 두들겨 좋은 후, 균둥이 된 섬유원료를 지통에 넣고 물과 금고무 잘 섞이도록 대나무로 충분이 저어 줍니다. 미지막으로 닥풀(황촉규)끼리로 만든 초지용 점체 (ph 7이 중성임)을 넣어, 섬유가 전체적으로 일정한 농도를 유지하도록 잘 저어 다음, 종이 뜨기에 들어 갑니다.

한지를 만드는 이러한 과정은 결코 쉽지 아니 쉬우 과정입니다. 그런데 이중에 특히 관심 있게 보아야 할 부분은 닥을 삶을 때 뗏장이나 콩대를 태운 잿물을 쓴다는 것입니다. 뗏장 등을 태운 재는 일종의 숯(탄소 덩어리)이 아닙니까? 우리는 흔히 구석기 유물 중을 새로 발견하면 탄소연대측정 방법에 의하여 몇 년 전의 유물인지를 파악하는 것을 언론 보도에 접할 수 있습니다. 숯은 탄소 덩어리 입니다. C14인 탄

소의 반감기가 5,730년 이라고 하는 것은 탄소(숯)가 5,730년이 지나도 현재 무게의 1/4로 줄어들 뿐, 역시 탄소(숯) 성분 그대로 존재한다는 것을 의미합니다. 그렇다면 숯은 어떻게 만들어지며 용도는 무엇일까요? 먼저 토굴을 판 후, 한나무를 베어 차곡차곡 쌓은 다음에, 불을 때서 밀폐한 공간에서 8할 정도 타오면, 관을이 굳지 않고 1,000도가 넘는 고온으로 구워낸 것이 숯입니다. 이 과정에서 숯은 나무에서 수분 등이 모두 빠져나가, 부피가 작아진 수많은 기공을 포함한 多양체體 넣어진다. 숯 1g에 분포된 매크로공극(구멍)의 표면적을 펼치면 250~300 m² 정도로 테니스장 한 코트 정도의 면적이 된다고 합니다. 이처럼 매크로 공극이 많고 표면적이 넓기 때문에 흡수 흡착성이 강해 방독면 정수기 등에 활용되고, 회분이 많아 강알카리성(pH 8~9)이어서, 산성을 싫어하는 곰팡이들의 증식을 억제하지만, 유익균의 성장에는 도움이 되어, 간장 등에 인해 전전하게 양질의 음용수를 부여해 공급하기 때문에, 주변 불에의 부패를 방지해주며, 에너지 수집 및 유도 작용으로 인해 전천적으로 활용되고 있습니다. 그리고 합천 해인사에 있는 팔만대장경의 경판측 달에는 다량의 숯을

끝고, 바닥에 횟흙, 생석회 및 소금이 함유된 흙으로 덮어, 팔만대장경을 외부환경 (습기, 기미 벌레 등)으로부터 안정하게 보존하고 있습니다. 또한 1971년 중국 호남성 정사의 馬王堆에서 발굴된 2,000년 전 한나라 여자의 발굴된 시신은 인체조직이 썩지 않고 새로도 분명히 보이며, 관절이 굳지 않고 피부색에 윤기가 흐르고 있었습니다. 발굴된 그 여자의 관 위에 숯층이 40~50cm의 두께로 1만 여 근이나 쌓여 있었다는 것은 주지의 사실입니다.

이를 종합해 볼 때, 한지가 천년을 넘어 보존이 될 수 있는 비결은 닥을 삶을 때의 분자가 맞물 넣고 삶는 과정에서 섬유질에 녹아 들어가 섬유질의 안정적인 보존성을 높이고, 섬유질간의 접착성을 증성(pH7)인 닥풀(황촉규)가 한구역으로 유지해준다는 사실에 있습니다. 짐표하게 어우러진 숯(잿물)과 섬유들의 환상적인 화합 결과가 취내이 지난 지금도 중성지인 한지의 보존성을 보전해 주는 것이 아닌가 생각해 봅니다.

19세기 발명된 국내에 처음 소개된 양지에 의한 인쇄물의 보급은 우리의 지식문화 보급에 엄청난 역할을 한 것은 사실입니다. (4면으로 계속)

(3면에서 이어짐)

그러나 역시적 사찰표서의 보존성 측면이 대두하면 고개가 갸우뚱해집니다. 1900년대 초, 간행된 책자들은 도서관 및 소장기관에서 애만 태우고 있습니다. 왜냐하면, 림프로 만든 종이가 이미 산성화가 진행되어 누룩게 변하면 불년 마소의 기능을 하지 못하고 가 때문입니다. 그저 시간이 지남에 따라 먼지로 시라져 가는 것을 안타까운 바라보고 있을 뿐이죠. 그런 연유인지 요즘은 보존용 종이를 상대적 깊이 더 뛰어버리는 중성지(Acid Free)를 찾습니다. 그러나 저는 여기서 약간의 반론을 제기하고 싶습니다. 림프로 만든 중성지가 아닌, 진동의 방식(봉상두 아닌 닷물로 쉽고, 집체로 뜨는 살이 이닌 황축규를 섞어서 10도 이하의 찬물에서 뜬)으로 만든 우리의 전통한지 만이 1000년 보존의 기능을 다할 수 있다고...

236 1933년 봄 한국인 종이 타입머신

다드 헌터가 1933년 봄에 직접 찍은 서울시 종로구 세검정 종이 마을 사진(슬라이드)

80년 만에 상전벽해!

역자가 2013년 봄 다드 헌터의 앵글로 찍은 사진(현재 구기터널 길)

다드 헌터가 1933년 봄에 직접 찍은 종로구 세검정 종이 마을 사진(슬라이드)
↑↓ 세검정, 개울가 장판지 뜨기

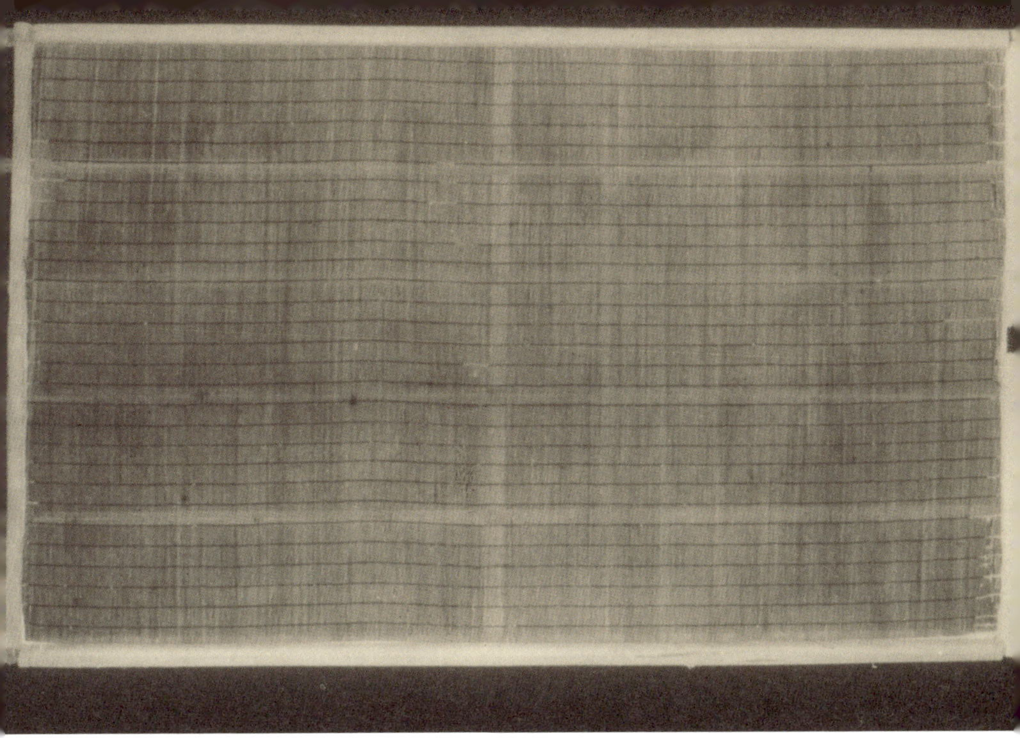

다드 헌터가 1933년 봄에 직접 찍은 종로구 세검정 종이 마을 사진(슬라이드)
↑ 장판지틀, 116x71cm ↓ 61 지게꾼과 장판지 말리기

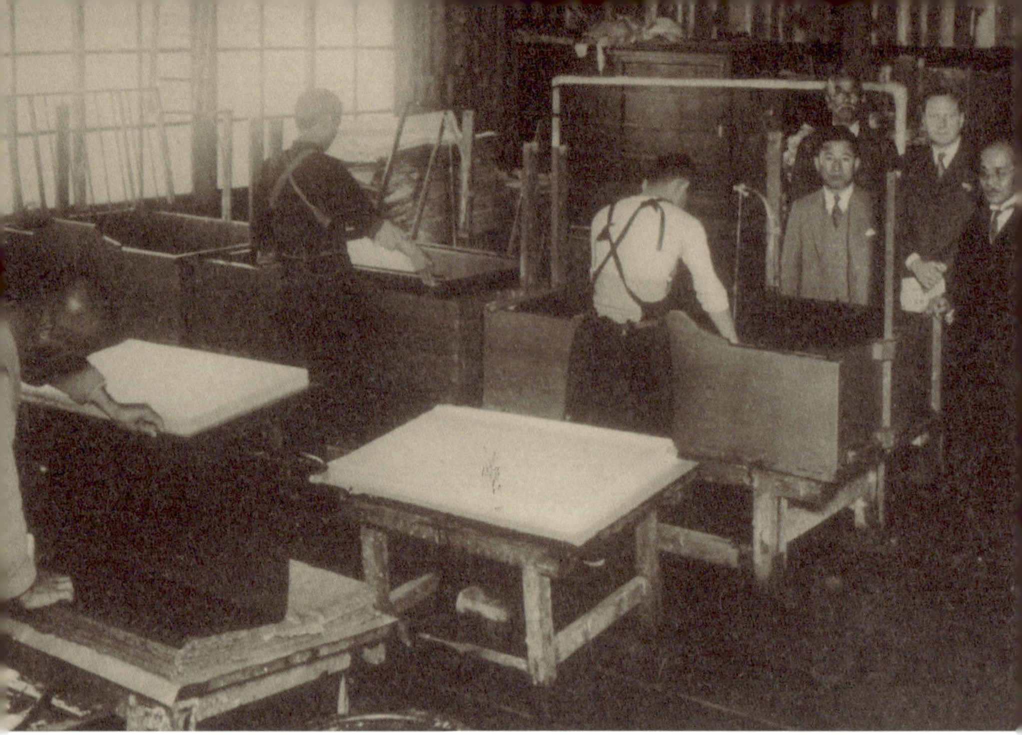

다드 헌터가 1933년 봄에 직접 찍은 종로구 세검정 종이 마을 사진(슬라이드)
↑한지뜨기 전습소 서울 ↓영양군제지전습소(恩賜授産 英陽郡製紙傳習所, 閑雅人出入禁止)